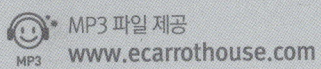
MP3 파일 제공
www.ecarrothouse.com

고득점을 위한
TSC
필수표현 공략집

공략법과 빈출 주제별 표현으로
TSC 내공 다지기

CARROT HOUSE

고득점을 위한 TSC 필수표현 공략집

© Carrot House

All rights reserved. No part of this publication may be reproduced, stored in a retrieval system, or transmitted in any form or by any means without the prior permission in writing of Carrot House.

Printed: June 2020
Author: Carrot Language Lab

ISBN 978-89-6732-318-9

Printed and distributed in Korea
9F, 488, Gangnam St. , Gangnam-gu, Seoul, 06120, South Korea

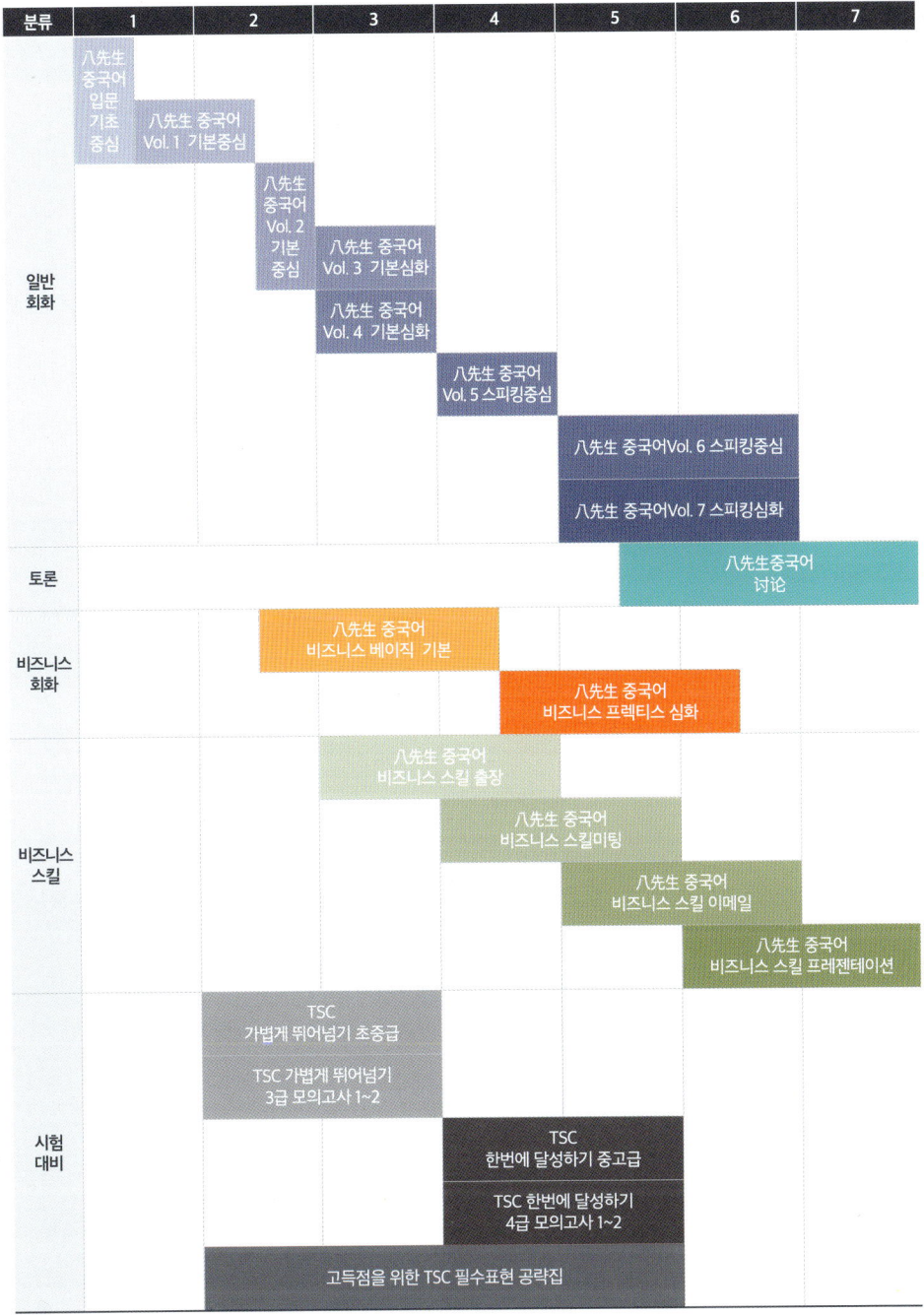

TSC 소개

1 TSC 소개

TSC(Test of Spoken Chinese)는 '중국어 말하기 시험'으로,
일상생활, 업무현장 등 다양한 상황 속에서의 의사소통 능력을 전문적으로 평가합니다.
컴퓨터와 헤드셋을 이용하여 응시자가 문제를 듣고 답하는 인터뷰 형식으로 진행됩니다.

2 TSC의 특징

TSC는 실용적인 회화능력을 평가하는 시험으로, 발음, 어휘, 문법 및 유창성을 종합적으로 판단합니다. 시험의 전반부인 제1~4부분은 짧은 시간 안에 문제의 답을 정확하게 대답해야 하며, 기본적인 중국어 전달 능력을 평가합니다. 시험의 후반부인 제 5~7부분은 전반부보다 비교적 높은 난이도로 진행되며, 응시자의 중국어 읽기 능력과 논리적으로 자신의 의견을 표현할 수 있는지에 대해 평가합니다.

3 TSC의 구성 및 시간

TSC는 7개 부분, 총 26문제로 구성되어 있으며,
평가 시간은 총 50분(오리엔테이션 20분, 본 시험 30분)정도 소요됩니다.

부분	구성	문항 수	준비시간(초)	답변시간(초)	그림 유무
제 1부분	自我介绍 | 간단한 자기소개하기	4	0	10	X
제 2부분	看图回答 | 그림 보고 대답하기	4	3	6	O
제 3부분	快速回答 | 빠르게 답하기	5	2	15	O
제 4부분	简短回答 | 간단하게 대답하기	5	15	25	X
제 5부분	拓展回答 | 확장하여 대답하기	4	30	50	X
제 6부분	情景应对 | 상황 대응하기	3	30	40	O
제 7부분	看图说话 | 그림보고 이야기 만들기	1	30	90	O

· 부분 별 주요 주제 및 공략법을 잘 숙지하여 학습해야 합니다.
· 부분 별 준비시간, 답변시간을 잘 숙지하여 답변을 준비해야 합니다.

4 TSC시험 화면 구성

① 부분, 문제 안내 : 현재 진행중인 부분과 문제가 표시됩니다.

② 진행률 : 총 26문제 중 몇 번째 문제를 진행하고 있는지 보여줍니다.

③ 그림 표시 : 제 2, 3, 6, 7부분은 그림이 제시됩니다. (제 1, 4, 5 부분은 그림 제시 없음)

④ 준비 시간, 답변시간 : 문제 별 준비시간과 답변시간을 보여줍니다.

⑤ 질문 듣기 : 이 버튼에 불이 들어오면 문제가 재생됩니다.

⑥ 답변 준비 : 이 버튼에 불이 들어오면 답변을 준비합니다.

⑦ 답변 하기 : 이 버튼에 불이 들어오면 답변을 합니다.

⑧ 답변 중지 : 답변 시간이 끝나면 이 버튼에 불이 들어옵니다.
　　　　　　　불이 들어온 이후의 답변은 녹음되지 않습니다.

⑨ 남은 시간 : 문제 별로 남은 시간을 보여줍니다. 남은 시간을 확인하며 답변을 녹음해야 합니다.

구성보기

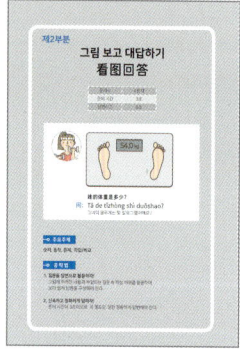

◉ **학습내용 소개**

각 부분별 주요주제 및 공략법에 대하여 소개하고 있습니다.

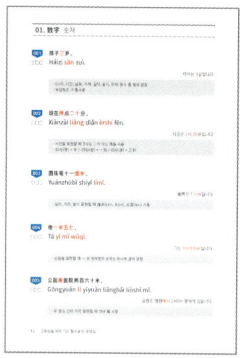

◉ **표 현**

주제별 10개의 표현이 제시됩니다.
MP3 음원을 활용해 여러 번 듣고 따라 말하며
입에 붙을 때까지 반복하며 학습합니다.

◉ **연 습**

주제별 학습한 표현을 이해했는지
문제를 풀어보며 스스로 확인해 봅니다.

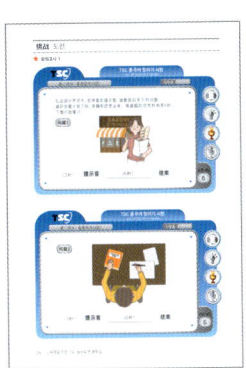

도 전

시험 유형에 익숙해질 수 있도록
TSC 실전 형식의 문제로 제시하였습니다.

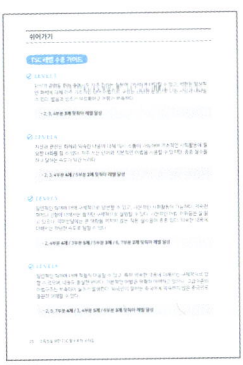

쉬어가기

TSC 관련해 알아두면 좋은
Tip 내용을 정리하였습니다.

목 차

01 제 2부분

주요주제 ··· 011
　　　01. 숫자　　02. 동작　　03. 존재　　04. 직업/비교

도전 ··· 024

쉬어가기 ·· 028
　　　TSC 레벨 수준 가이드

02 제 3부분

주요주제 ··· 029
　　　01. 쇼핑/AS　　02. 식사/음식　　03. 조언/부탁
　　　04. 취미/운동　　05. 일상생활　　06. 날씨/계절
　　　07. 거주/교통　　08. 건강/진료　　09. 공부/시험
　　　10. 회사/업무　　11. 여행/느낌

도전 ··· 063

쉬어가기 ·· 069
　　　다른 의미지만 비슷한 발음의 단어 알기

03 제 4부분

주요주제 ··· 071
　　　01. 취미/운동　　02. 구매/소비　　03. 회사/업무
　　　04. 가정/생활　　05. 성격/습관　　06. 거주/교통
　　　07. 여행/날씨　　08. 학습/외국어　　09. 선호/경제

도전 ··· 099

쉬어가기 ·· 105
　　　중국어 성조 변화 주의하기

04 제 5부분

주요주제 ··· 107
      01. 직업   02. 직장   03. 교육
      04. 생활   05. 경제   06. 과학/기술
      07. 건강   08. 환경보호   09. 국가   10. 외모

도전 ··· 138
쉬어가기 ··· 142
      중국어 발음 변화 주의하기

05 제 6부분

주요주제 ··· 143
      01. 시간 변경   02. AS서비스   03. 충고/건의
      04. 위로/격려   05. 부탁/거절   06. 예약/문의

도전 ··· 168
쉬어가기 ··· 172
      잰말놀이로 발음 연습하기

06 제 7부분

주요주제 ··· 173
      01. 장면 묘사   02. 동작 묘사   03. 감정 묘시

도전 ··· 183
쉬어가기 ··· 184
      중국어 끊어 읽기 연습하기

제2부분
그림 보고 대답하기
看图回答

문제수	4문제
준비 시간	3초
답변시간	6초

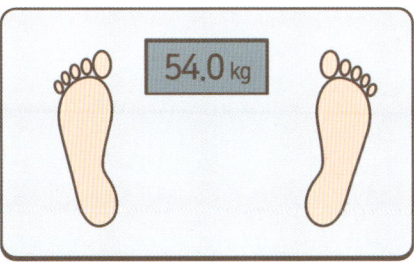

问: 她的体重是多少?
　　Tā de tǐzhòng shì duōshao?
　　그녀의 몸무게는 몇 킬로그램이에요?

─○ 주요주제

숫자, 동작, 존재, 직업/비교

─○ 공략법

1. **질문을 답변으로 활용하자!**
   그림에 주어진 내용과 부합되는 질문 속 핵심 어휘를 활용하여 보다 쉽게 답변을 구성해야 한다.

2. **신속하고 정확하게 답하자!**
   준비 시간이 3초이므로 꼭 필요한 말만 정확하게 답변해야 한다.

01. 数字 숫자

001 孩子三岁。
Háizi sān suì.

아이는 3살입니다.

- (나이, 시간, 날짜, 가격, 길이, 높이, 무게) 동사 是 필요 없음
- 부정형은 不是사용

002 现在两点二十分。
Xiànzài liǎng diǎn èrshí fēn.

지금은 2시 20분입니다.

- 시간을 표현할 때 2시는 二이 아닌 两을 사용
- 30分(분) = 半 / 15分(분) = 一刻 / 45分(분) = 三刻

003 圆珠笔十一厘米。
Yuánzhūbǐ shíyī límǐ.

볼펜은 11cm입니다.

- 길이, 거리, 높이 표현할 때 厘米(cm), 米(m), 公里(km) 사용

004 他一米五七。
Tā yī mǐ wǔqī.

그는 1m 57cm입니다.

- 신장을 표현할 때 一米 뒷부분의 숫자는 하나씩 끊어 표현

005 公园离医院两百六十米。
Gōngyuán lí yīyuàn liǎngbǎi liùshí mǐ.

공원은 병원에서 260m 떨어져 있습니다.

- 두 장소 간의 거리 표현할 때 개사 离 사용

006 这**只**猫六公斤。
Zhè zhī māo liù gōngjīn.

이 고양이 (한 마리)는 6kg입니다.

- 지시대명사 : 这(이), 那(저), 哪(어느)
- 지시대명사+양사+명사
- 只 : 고양이, 개, 닭의 양사

007 一**束**花五十九块。
Yí shù huā wǔshí jiǔ kuài.

꽃 한 다발은 59원입니다.

- 수사+양사+명사 : 수량을 나타낼 때 반드시 양사 사용
- 꽃의 양사 : 束(다발), 枝(가지), 朵(송이)

008 她的生日**是**四月二十八号。
Tā de shēngrì shì sì yuè èrshí bā hào.

그녀의 생일은 4월 28일입니다.

- 번호, 생일, 날짜, 온도를 말할 때 동사 是 사용

009 电话号码是二**幺**五零七**幺**九。
Diànhuà hàomǎ shì èr yāo wǔ líng qī yāo jiǔ.

전화번호는 2150719입니다.

- 번호(전화번호, 방 번호, 버스 번호 등)의 숫자 1은 幺yāo로 발음

010 办公室里的温度是二十度。
Bàngōngshì lǐ de wēndù shì èrshí dù.

사무실 안의 온도는 20도입니다.

练习 연습

★ Point 부분을 보고 제시된 단어를 활용하여 자유롭게 대답해 봅시다.

39岁 35岁

女人　　男人　　岁
nǚrén　　nánrén　　suì

★ Point
- 남자와 여자의 나이를 각각 표현해보자
- 실제 시험 시 남자, 여자 구별해서 질문 내용을 듣자

星期天
9月27号

月　　号　　星期
yuè　　hào　　xīngqī

★ Point
- 9월 27일은 무슨 요일인지 표현해보자
- ~일은 号(구어체), 日(문어체)로 사용하며, 일요일은 星期天, 星期日임을 기억하자

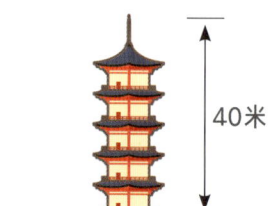

1.5元

碗　　米饭　　块
wǎn　　mǐfàn　　kuài

★ Point
- 밥 한 공기의 가격을 표현해보자
- 밥공기, 사발의 양사 碗을 사용하자

40米

座　　楼　　米
zuò　　lóu　　mǐ

★ Point
- 건물 높이를 표현해보자
- 건물, 산, 다리의 양사 座를 사용하자

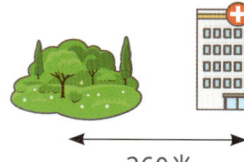

260米

公园　　离　　医院
gōngyuán　　lí　　yīyuàn

★ Point
- 두 장소의 거리를 표현해보자
- 공간적 거리를 나타낼 때 '~에서, ~까지' 의미의 离를 사용하자

02. 动作 동작

001 女人正在做什么呢?
Nǚrén zhèngzài zuò shénme ne?

여자는 무엇을 하는 중입니까?

· 正在+동사+…呢 : 동작 진행을 표현할 때
· 正在, 正, 在 단독 혹은 조합하여 사용 가능

002 女人正在唱歌。
Nǚrén zhèngzài chànggē.

여자는 노래 부르는 중입니다.

· 1번 Tip 참조

003 他们在上课。
Tāmen zài shàngkè.

그들은 수업하는 중입니다.

· 1번 Tip 참조

004 戴眼镜的人在听音乐呢。
Dài yǎnjìng de rén zài tīng yīnyuè ne.

안경을 끼고 있는 사람은 음악을 듣는 중입니다.

· 동사(구)+的+명사 : 명사를 수식할 때 사용

005 男人要买牛奶。
Nánrén yào mǎi niúnǎi.

남자는 우유를 사려고 합니다.

· 주어+要+동사+(목적어)
· 要 : 항상 동사 앞 위치

15

02. 动作 동작

006 男人在看书吗?
Nánrén zài kàn shū ma?

남자는 책을 읽는 중입니까?

· 문장 끝에 吗를 붙여 의문문을 표현
· 진행형의 의문문 역시 문장 끝에 吗로 표현

007 不是, 他打电话呢。
Bú shì, tā dǎ diànhuà ne.

아닙니다, 그는 전화하는 중입니다.

· 不 혹은 不是 부정의 표현
· 문장 끝에 呢를 사용하여 동작 진행 표현 가능

008 火车九点一刻出发。
Huǒchē jiǔ diǎn yíkè chūfā.

기차는 9시 15분에 출발합니다.

· 시간+동사 : 동작이 발생하는 시간을 표현할 때

009 这儿不可以拍照。
Zhèr bù kěyǐ pāizhào.

여기서 사진을 찍으시면 안 됩니다.

· 不可以/不能+동사 : 동작의 금지를 표현할 때

010 他在床上躺着呢。
Tā zài chuáng shang tǎng zhe ne.

남자는 침대(위)에 누워있습니다.

· 동사+着+(呢) : 동작 혹은 상태의 지속을 표현할 때

练习 연습

⭐ Point 부분을 보고 제시된 단어를 활용하여 자유롭게 대답해 봅시다.

这儿　　不可以　　停车
zhèr　　bù kěyǐ　　tíngchē

⭐ Point
- ✓ 어떤 행동을 금지하고 있는지 표현해보자

戴　　穿　　帽子
dài　　chuān　　màozi

⭐ Point
- ✓ 여자아이가 옷 입는 것과 모자 쓰는 것을 표현해보자
- ✓ 모자, 장신구, 손목시계를 착용할 때 동사 戴를 쓰자
- ✓ '(옷을) 입다, (신발을) 신다'는 표현은 穿을 쓰자

在　　哭　　呢
zài　　kū　　ne

⭐ Point
- ✓ 울고 있는 아이의 모습을 표현해보자

11:00 ~ 6:00

从　　到　　睡觉
cóng　　dào　　shuìjiào

⭐ Point
- ✓ 여자가 잠자는 시간을 표현해보자
- ✓ 从+시간/장소+到+시간/장소(~부터 ~까지)：
  시작과 끝을 표현할 때 적극 사용하자

正在　　洗　　车
zhèngzài　　xǐ　　chē

⭐ Point
- ✓ 여자가 세차하는 행동을 표현해보자

03. 存在 존재

001 他们在公园。
Tāmen zài gōngyuán.

그들은 공원에 있습니다.

- 사물/사람+在+장소 : 어느 장소에 있음을 표현

002 手机在桌子下边。
Shǒujī zài zhuōzi xiàbian.

휴대폰은 책상 밑에 있습니다.

- 사물/장소+上(边)/下(边)
- 위치 : 上边(위쪽), 下边(아래쪽)

003 钱在钱包里边。
Qián zài qiánbāo lǐbian.

돈은 지갑 안에 있습니다.

- 사물/장소+里(边)/外(边)
- 위치 : 里边(안쪽), 外边(바깥쪽)

004 邮局在商店对面。
Yóujú zài shāngdiàn duìmiàn.

우체국은 상점 맞은편에 있습니다.

- 사물/장소+对面 / 旁边
- 위치 : 对面(맞은편), 旁边(옆쪽)
- 面, 边 생략 불가

005 工厂在南边。
Gōngchǎng zài nánbian.

공장은 남쪽에 있습니다.

- 东(동) / 西(서) / 南(남) / 北(북)+边
- 뒤에 边 대신 面으로 방향을 나타낼 수 있음

006 他住在二楼。
Tā zhù zài èr lóu.

그는 이 층에 살고 있습니다.

- 住在+장소 : 어디에 거주하고 있는지 표현할 때
- 楼, 层 사용하여 층을 나타냄

007 书包里有铅笔。
Shūbāo li yǒu qiānbǐ.

책가방 안에 연필이 있습니다.

- 有 : '장소 혹은 위치에 어떠한 물건이 있다' 의미로 존재를 나타냄
- 有는 是로 대체 가능

008 图片里有三个学生。
Túpiàn li yǒu sān ge xuésheng.

사진 속에는 학생 세 명이 있습니다.

- 个 : 일반적인 사물 혹은 사람의 양사

009 路上有一辆公共汽车。
Lù shang yǒu yí liàng gōnggòngqìchē.

길(위)에 버스 한 대가 있습니다.

- 장소+有+수량사+명사
- 辆 : 버스, 택시, 자전거의 양사

010 门口有两把雨伞。
Ménkǒu yǒu liǎng bǎ yǔsǎn.

입구에는 우산 두 개가 있습니다.

- 把 : 우산, 의자, 칼의 양사

练习 연습

★ Point 부분을 보고 제시된 단어를 활용하여 자유롭게 대답해 봅시다.

花瓶　　朵　　花
huāpíng　duǒ　　huā

★ Point
☑ 꽃병 안에 무엇이 있는지 표현해보자

医院　　旁边　　书店
yīyuàn　pángbian　shūdiàn

★ Point
☑ 서점의 위치를 표현해보자

盒子　　顶　　帽子
hézi　　dǐng　　màozi

★ Point
☑ 상자 안에 있는 물건을 표현해보자
☑ "顶"은 모자를 세는 양사임을 기억하자

农场　　牛　　猪
nóngchǎng　niú　　zhū

★ Point
☑ 농장에 있는 동물을 표현해보자

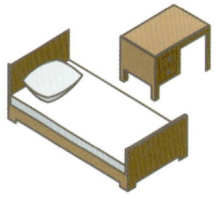

房间　　床　　桌子
fángjiān　chuáng　zhuōzi

★ Point
☑ 방 안의 물건을 표현해보자

04. 职业/比较 직업/비교

001 他(是)做什么工作(的)。
Tā (shì) zuò shénme gōngzuò (de).

그는 무슨 일을 합니까?

· 做什么工作 : 직업을 묻는 표현
· 是~的 생략 가능

002 他是医生。
Tā shì yīshēng.

그는 의사입니다.

· 주어+是+직업
· 반드시 동사 是 사용

003 她在机场工作。
Tā zài jīchǎng gōngzuò.

그녀는 공항에서 근무합니다.

· 在+장소+工作 : 어디에서 근무하는지 표현할 때

004 哪个更大?
Nǎge gèng dà?

어느 것이 더 큰가요?

· 更+형용사 : '훨씬, 더' 라는 의미로 비교할 때 자주 사용

005 葡萄比橘子(更)重。
Pútáo bǐ júzi (gèng) zhòng.

포도는 귤 보다 (더) 무겁습니다.

· A+比+B+(更)+형용사 : A와 B를 비교하여 정도를 표현할 때
· 형용사 앞에 更 사용하여 그 정도를 더 강조하기도 함

04. 职业/比较 직업/비교

006 女的比男的大两岁。
Nǚde bǐ nánde dà liǎng suì.

여자는 남자보다 두 살이 많습니다.

· A+比+B+형용사+수량사 : 형용사 뒤에 수량사를 넣어 구체적 차이 나타냄

007 最便宜的鞋子一百块。
Zuì piányi de xiézi yìbǎi kuài.

가장 저렴한 신발은 100원입니다.

· 형용사, 동사가 명사를 꾸밀 때 반드시 的 필요
· 형용사, 동사 자체를 명사화 시킬 경우 뒤에 的 만 사용
  예) 大 크다, 大的 큰 것

008 小猫比小狗跑得慢。
Xiǎomāo bǐ xiǎogǒu pǎo de màn.

(새끼) 고양이는 강아지 보다 느리게 뜁니다.

· 동사+得+형용사 : 동사의 정도 표현

009 出租车比较快。
Chūzūchē bǐjiào kuài.

택시는 비교적 빠릅니다.

· 比较+형용사 : 정도의 차이가 약함을 표현할 때

010 开车上班要一个小时。
Kāichē shàngbān yào yí ge xiǎoshí.

운전해서 출근하는 데 한 시간 걸립니다.

· 동사+시량사 : 동작의 소요되는 시간을 표현할 때
· 시량사 : 一年, 一个月, 一天, 一个小时, 十分钟
· 시점(시간사) : 2020年, 一月, 一号, 一点, 一分
· 시량사와 시간사 반드시 구분 필요

练习 연습

★ Point 부분을 보고 제시된 단어를 활용하여 자유롭게 대답해 봅시다.

比 重 公斤
bǐ zhòng gōngjīn

★ Point
☑ 포도와 바나나 무게의 차이를 표현해보자

5公斤　3公斤

杯子 更 贵
bēizi gèng guì

★ Point
☑ 어떤 물건 가격이 비싼지 표현해보자

35元　17元

苹果 西瓜 多
píngguǒ xīguā duō

★ Point
☑ 어떤 과일의 개수가 더 많은지 표현해보자

的 自行车 大
de zìxíngchē dà

★ Point
☑ 누구의 자전거가 더 큰지 표현해보자

是 公交车 司机
shì gōngjiāochē sījī

★ Point
☑ 남자의 직업을 표현해보자

挑战 도전

★ 모의고사 1

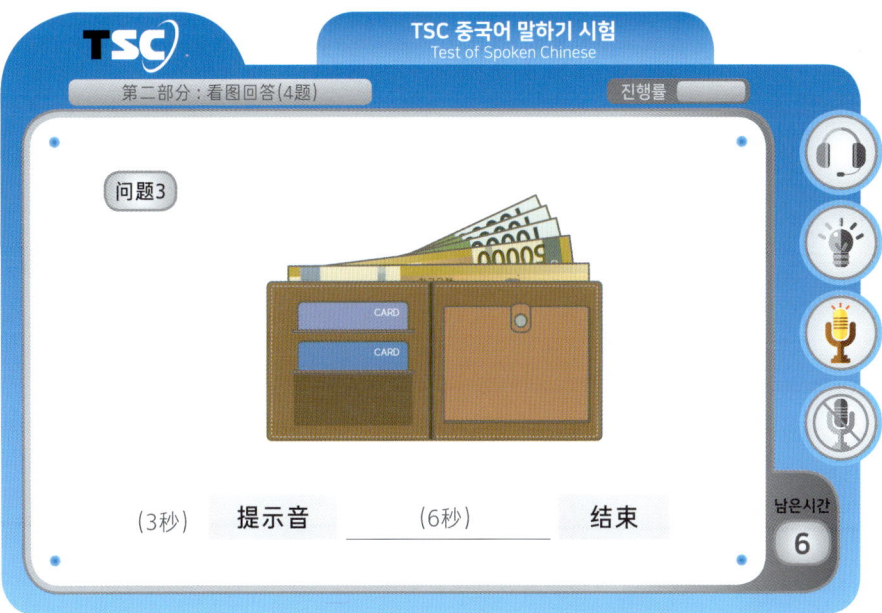

挑战 도전

★ 모의고사 2

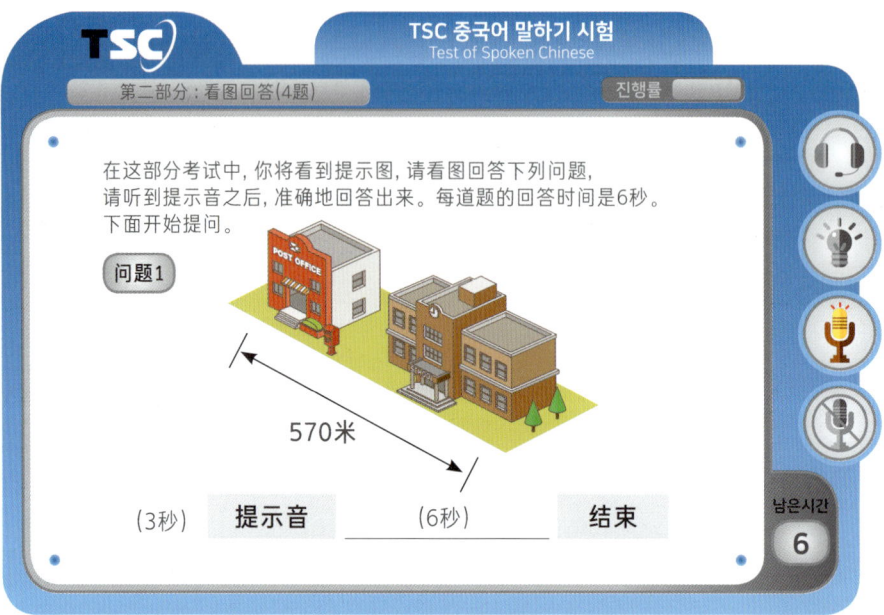

쉬어가기

TSC 레벨 수준 가이드

✓ LEVEL 3

자신과 관련된 화제 중에서도 자주 접하는 질문에 간단하게 대답할 수 있고, 제한된 일상적인 화제에 대해 아주 기초적인 단어, 어법으로 구성된 간단한 문장으로 다른 사람과 대화할 수 있다. 발음과 성조가 부정확하고 어휘가 부족하다.

- 2, 3, 4부분 **3개** 맞춰야 레벨 달성

✓ LEVEL 4

자신과 관련된 화제와 익숙한 내용에 대해 의사 소통이 가능하며 기초적인 사회활동에 필요한 대화를 할 수 있다. 자주 쓰는 단어와 기본적인 어법을 사용할 수 있지만, 종종 실수를 하고 말하는 속도가 약간 느리다.

- 2, 3, 4부분 **4개** / 5부분 **2개** 맞춰야 레벨 달성

✓ LEVEL 5

일반적인 화제에 대해 구체적으로 답변할 수 있고, 기본적인 사회활동이 가능하다. 익숙한 화제나 경험에 대해서는 짧지만 구체적으로 설명할 수 있다. 기본적인 어법, 어휘들은 잘 알고 있으나, 의미전달에는 큰 영향을 끼치지 않는 작은 실수들이 종종 있다. 익숙한 내용에 대해서는 적당한 속도로 말할 수 있다.

- 2, 4부분 **4개** / 3부분 **5개** / 5부분 **3개** / 6, 7부분 **2개** 맞춰야 레벨 달성

✓ LEVEL 6

일반적인 화제에 대해 적절히 대응할 수 있고, 특히 익숙한 내용에 대해서는 구체적으로 답할 수 있으며, 내용도 충실한 편이다. 기본적인 어법은 명확히 이해하고 있으나, 고급수준의 어법구조는 부족하여 실수가 발생한다. 외국인이 말하는 중국어에 익숙하지 않은 중국인도 충분히 이해할 수 있다.

- 2, 5, 7부분 **4개** / 3, 4부분 **5개** / 6부분 **3개** 맞춰야 레벨 달성

제3부분

빠르게 답하기
快速回答

문제수	5문제
준비 시간	2초
답변시간	15초

问: 你常来这家餐厅吗?
Nǐ cháng lái zhè jiā cāntīng ma?
당신은 이 식당에 자주 옵니까?

주요주제

쇼핑/AS, 식사/음식, 조언/부탁, 취미/운동, 일상생활, 날씨/계절, 거주/교통, 건강/진료, 공부/시험, 회사/업무, 여행/느낌

공략법

1. **질문을 잘 듣고 답변하자!**
   질문의 의도를 파악하여 답변할 대상을 결정해야 한다.
   예를 들어, 상품에 대한 문제에서 화자가 판매원이라면 우리는 고객의 입장에서 상품에 대한 본인의 생각을 답변해야 한다.

2. **빠르게 답하자!**
   실제 시험에서 1문제 당 준비시간 2초, 응답시간 15초이기 때문에 빠른 판단으로 정확하게 답변해야 한다. 초급은 2~3문장, 중급 이상은 4~5개 문장으로 답변해야 한다.

3. **자연스러운 어조로 말하자!**
   억양과 발음에 신경써서 상대방과 대화하는 것처럼 자연스럽고 매끄럽게 답변해야 한다.

01. 购物/AS 쇼핑/AS

001 这个很适合您,看起来很漂亮。
Zhège hěn shìhé nín, kànqǐlái hěn piàoliang.

이것은 당신에게 잘 어울리며, 매우 예뻐 보입니다.

· 适合 : 예) 很适合我(나에게 잘 어울린다), 很适合学习(공부하기에 적합하다),
很适合旅行(여행하기에 적합하다), 很适合年轻人穿(젊은 사람이 입기에 적합하다)

002 多少钱?能打折吗?
Duōshao qián? Néng dǎzhé ma?

얼마입니까? 할인해주실 수 있나요?

· 打~折 : 중간에 숫자 넣어 할인율 표시
예) 打八折(20%할인), 打几折(몇 퍼센트 할인)

003 这种颜色今年特别流行,很受欢迎。
Zhèzhǒng yánsè jīnnián tèbié liúxíng, hěn shòu huānyíng.

이 색은 올해 특히 유행하고, 매우 인기가 많습니다.

· 受~欢迎 : 예) 很受韩国人的欢迎(한국 사람에게 인기가 매우 많다),
很受老年人欢(노인들에게 인기가 매우 많다)

004 不想买太贵的,只要质量好,价格适中就可以了。
Bù xiǎng mǎi tài guì de, zhǐyào zhìliàng hǎo, jiàgé shìzhōng jiù kěyǐ le.

너무 비싼 것은 사고 싶지 않습니다. 품질이 좋고, 가격이 적당하기만 하면됩니다.

· 只要 ~ 就 ~ : 조건 관계를 표현할 때(~하기만 하면, ~하다)

005 这么快就卖完了,太可惜了。
Zhème kuài jiù mài wán le, tài kěxī le.

이렇게 빨리 매진이라니(다 팔렸다니), 너무 아쉽습니다.

· ~完了 : 동사 뒤에서 완료, 끝남을 나타냄
예) 看完了(다 봤다), 吃完了(다 먹었다), 做完了(다 했다)

006 明天是妈妈的生日，我想送给她。
Míngtiān shì māma de shēngrì, wǒ xiǎng sòng gěi tā.

내일은 엄마의 생일입니다, 저는 그녀에게 선물하고 싶습니다.

· 동사+给+~ : 대상에게 어떠한 물건을 전할 때 사용
· 관련 동사 : 借(빌려주다), 还(돌려주다), 发(발송하다), 寄((우편으로) 보내다)
  예) 借给我(나에게 빌려주다), 发给你(너에게 보내주다), 还给图书馆(도서관에 돌려주다)

007 你能帮我推荐一下吗？买哪种比较好？
Nǐ néng bāng wǒ tuījiàn yíxià ma? Mǎi nǎzhǒng bǐjiào hǎo?

저에게 추천 좀 해주실 수 있나요? 어떤 종류를 사는 것이 비교적 괜찮은가요?

· 동사+一下 : 예) 尝一下(맛을 좀 보다), 试一下(좀 시도하다), 等一下(좀 기다리다)

008 我住在三星站附近，麻烦你帮我送到家。
Wǒ zhù zài Sānxīngzhàn fùjìn, máfan nǐ bāng wǒ sòng dào jiā.

저는 삼성역 근처에 살고 있습니다, 번거로우시겠지만 저를 집까지 데려다 주세요.

· 동사+到+장소 : 위치가 바뀌어 대상을 어떠한 장소로 옮기는 것을 표현 할 때
  예) 扔到垃圾桶里(쓰레기통에 던져버리다), 跳到桌子上(테이블 위로 뛰어 올라가다),
  寄到北京(베이징으로 부치다)

009 别担心，一定能修好。你先用我的吧。
Bié dānxīn, yídìng néng xiū hǎo. Nǐ xiān yòng wǒ de ba.

걱정하지 마세요, 반드시 잘 고쳐질 거예요. 제 것을 먼저 사용하세요.

· 동사+好 : '동작을 잘 완성함'을 의미, 완료가 되었을 때는 뒤에 了를 사용
  예) 整理好了(잘 정리했다), 准备好了(잘 준비했다), 休息好了(잘 쉬었다)

010 放在电视对面吧，小心点儿。
Fàng zài diànshì duìmiàn ba, xiǎoxīn diǎnr.

컴퓨터 맞은 편에 놓아주세요, 조심해주세요.

· 동사+在+장소 : 물건이 어떠한 장소에 존재함을 표현할 때
  예) 落在地铁里(지하철에 두고 오다, 놓고 내리다), 放在书包里(책가방 안에 놓아두다),
  洒在衣服上(옷에 엎지르다)

练习 연습

★ 질문의 핵심 point 부분을 주의하며, 제시된 단어를 활용하여 자유롭게 대답해 봅시다.

你买新包了,真漂亮。
Nǐ mǎi xīn bāo le, zhēn piàoliang.

昨天	流行	欢迎	适合
zuótiān	liúxíng	huānyíng	shìhé

你想买什么?
Nǐ xiǎng mǎi shénme?

生日	送	推荐	哪种
shēngrì	sòng	tuījiàn	nǎzhǒng

这件衣服适合我吗?
Zhè jiàn yīfu shìhé wǒ ma?

适合	漂亮	流行	打折
shìhé	piàoliang	liúxíng	dǎzhé

您买的家具,什么时候给您送到家里啊?
Nín mǎi de jiājù, shénme shíhou gěi nín sòng dào jiā li a?

明天	住	送	谢谢
míngtiān	zhù	sòng	xièxie

我的电脑坏了,你能帮我修理一下吗?
Wǒ de diànnǎo huài le, nǐ néng bāng wǒ xiūlǐ yíxià ma?

看	担心	修好	用
kàn	dānxīn	xiū hǎo	yòng

02. 饮食/餐饮 음식/식사

001 我每天在公司食堂吃早餐。
Wǒ měitiān zài gōngsī shítáng chī zǎocān.

저는 매일 회사 식당에서 아침 식사를 합니다.

· 시간+(在+장소)+동사 : 언제 어디에서 무엇을 하는지를 표현할 때
  예) 周末在家休息(주말에 집에서 쉬다), 早上在公园运动(아침에 공원에서 운동을 하다)

002 食堂的饭菜很好吃，而且一天三餐免费。
Shítáng de fàncài hěn hǎochī, érqiě yì tiān sān cān miǎnfèi.

식당의 밥(과)반찬은 매우 맛있고, 게다가 하루에 세 끼 무료입니다.

· 免费 : 예) 坐班车免费(회사 셔틀버스를 타는 것은 무료이다), 免费送货(무료 배달, 무료로 배달하다)

003 附近有一家餐厅，又安静又干净。
Fùjìn yǒu yì jiā cāntīng, yòu ānjìng yòu gānjìng.

근처에 음식점이 하나 있습니다, 조용하기도 하고 깨끗하기도 합니다.

· 又(既)~ 又~ : 두 가지 성질, 상황이 동시에 존재할 때 사용, 주로 사이에 형용사가 옴
  예) 又好吃又便宜(맛있기도 하고 저렴하기도 하다), 既聪明又可爱(똑똑하기도 하고 귀엽기도 하다)

004 这家饭店不仅服务很好，而且价格也很合理。
Zhè jiā fàndiàn bùjǐn fúwù hěn hǎo, érqiě jiàgé yě hěn hélǐ.

이 음식점은 서비스가 매우 좋을 뿐 아니라, 게다가 가격도 매우 합리적입니다.

· 不仅(不但)A, 而且B :
  '~뿐만 아니라, 게다가 ~하다' 의미로 B의 상황이 A보다 한층 더 나아감을 표현할 때

005 请给我一杯美式咖啡，不要加糖。
Qǐng gěi wǒ yì bēi měishìkāfēi, bú yào jiā táng.

아메리카노 한 잔 주세요, 설탕 넣지 말아 주세요.

· 음료 종류 : 拿铁(라떼), 卡布奇诺(카푸치노), 冰咖啡(아이스커피), 橙汁(오렌지 주스) 등

02. 饮食/餐饮 음식/식사

006 您的手艺真棒, 今天我可以大饱口福了。
Nín de shǒuyì zhēn bàng, jīntiān wǒ kěyǐ dàbǎokǒufú le.

당신의 솜씨는 정말 훌륭합니다, 오늘 저는 실컷 먹을 수 있겠어요.

· 大饱~ : 정신적으로 만족을 느끼는 표현 할 때
예) 大饱眼福(실컷 눈 요기 하다), 大饱耳福(실컷 귀를 즐겁게 하다)

007 我每天都吃一个苹果, 常吃水果能保持健康。
Wǒ měitiān dōu chī yí ge píngguǒ, cháng chī shuǐguǒ néng bǎochí jiànkāng.

저는 매일 사과 한 개를 먹습니다, 자주 과일을 먹으면 건강을 유지 할 수 있습니다.

· 保持 : 예) 保持安静(조용함을 유지하다), 保持人际关系(인간관계를 유지하다)

008 我觉得茶叶的味道很苦, 不是特别喜欢。
Wǒ juéde cháyè de wèidao hěn kǔ, bú shì tèbié xǐhuan.

저는 찻잎의 맛은 매우 쓰다고 생각합니다, 특별히 좋아하지는 않습니다.

· 맛 표현 : 酸(시다), 甜(달다), 苦(쓰다), 辣(맵다), 咸(짜다)

009 来一个北京烤鸭, 再来一瓶啤酒。
Lái yí ge Běijīng kǎoyā, zài lái yì píng píjiǔ.

베이징 덕 하나 주시고, 맥주 한 병도 주세요.

· 来一个~, 再来~ : 음식 주문할 때 사용

010 吃得太多了, 我们出去散散步吧。
Chī de tài duō le, wǒmen chūqù sànsanbù ba.

너무 많이 먹었어요, 저희 나가서 산책 좀 해요.

· 동사+得+太多了 : '너무 ~했다', 동작의 정도를 표현할 때
예) 做得太多了(너무 많이 했다), 喝得太多了(너무 많이 마셨다)

练习 연습

★ 질문의 핵심 point 부분을 주의하며, 제시된 단어를 활용하여 자유롭게 대답해 봅시다.

你吃早饭了吗?
Nǐ chī zǎofàn le ma?

每天	食堂	好吃	免费
měitiān	shítáng	hǎochī	miǎnfèi

你常来这家餐厅吗?
Nǐ cháng lái zhè jiā cāntīng ma?

服务	大	干净	价格
fúwù	dà	gānjìng	jiàgé

我吃得太饱了。
Wǒ chī de tài bǎo le.

好吃	吃	多	散步
hǎochī	chī	duō	sànbù

你要加糖吗?
Nǐ yào jiā táng ma?

加糖	美式	喜欢	甜的
jiā táng	měishì	xǐhuan	tián de

你喜欢吃水果吗?
Nǐ xǐhuan chī shuǐguǒ ma?

喜欢	每天	保持	健康
xǐhuan	měitiān	bǎochí	jiànkāng

03. 建议/拜托 조언/부탁

001
这个主意不错。
Zhège zhǔyi búcuò.

이 생각(아이디어)은 좋습니다.

· 很好 = 不错

002
好啊, 我们真是想到一块儿去了。
Hǎo a, wǒmen zhēnshì xiǎng dào yíkuàir qù le.

좋습니다, 저희 정말로 마음이 맞네요.

· 상대방과 의견 혹은 생각이 일치할 때 사용

003
那我们周六上午10点在学校门口见。
Nà wǒmen zhōuliù shàngwǔ shí diǎn zài xuéxiào ménkǒu jiàn.

그럼 저희 토요일 오전 10시에 학교 입구에서 봅시다.

· 언제 어디에서 만나는지 약속을 정할 때 사용

004
到时候我再联系你, 咱们不见不散。
Dào shíhou wǒ zài liánxì nǐ, zánmen bújiànbúsàn.

그때 돼서 제가 또 연락 드릴께요, 저희 꼭 만나요.

· 반드시 만나자는 약속할 때 사용

005
对不起, 明天真的不行。我没有时间。
Duìbuqǐ, míngtiān zhēnde bù xíng. Wǒ méiyǒu shíjiān.

죄송해요, 내일은 정말 안돼요, 시간이 없어요.

· 미안함을 표현할 때
· 对不起 = 真不好意思 = 十分抱歉

006 客气什么, 咱俩谁跟谁啊。
kèqi shénme, zán liǎ shéi gēn shéi a.

별 말씀을요, 저희가 어떤 사이인데요.

· 고마움에 대한 답변 표현
· 客气什么 = 别客气 = 不用这么客气

007 当然可以, 没问题, 我帮你打扫吧。
Dāngrán kěyǐ, méi wèntí, wǒ bāng nǐ dǎsǎo ba.

당연히 됩니다, 문제 없어요, 제가 (당신을 도와서) 청소할게요.

· 도움을 요청할 때 자주 사용되는 동사 : 整理(정리하다), 复印(복사하다), 翻译(번역/통역하다), 拿(들다)

008 请等一下, 我忙完手头上的活儿, 就帮你。
Qǐng děng yíxià, wǒ máng wán shǒutóu shang de huór, jiù bāng nǐ.

잠시만 좀 기다려주세요, 제가 바쁜 일이 끝나면 바로 도와드릴게요.

009 那怎么好意思, 太麻烦你了。
Nà zěnme hǎo yìsi, tài máfan nǐ le.

면목이 없습니다, 너무 폐를 끼치네요.

010 有空时顺便帮我看看。晚上我请你吃大餐。
Yǒu kòng shí shùnbiàn bāng wǒ kànkan. Wǎnshang wǒ qǐng nǐ chī dàcān.

시간이 난 김에 좀 봐주세요. 제가 저녁에 거하게 대접할게요.

· 顺便 : 어떤 일을 하는 중에 다른 일을 같이 하는 것
  예) 顺便买点儿水果(~하는 김에 과일을 좀 사다), 顺便来看看你(~하는 김에 나를 좀 보러 오다)

练习 연습

★ 질문의 핵심 point 부분을 주의하며, 제시된 단어를 활용하여 자유롭게 대답해 봅시다.

天气不错，我们出去怎么样？
Tiānqì búcuò, wǒmen chūqù zěnmeyàng?

主意	附近	漂亮	散步
zhǔyì	fùjìn	piàoliang	sànbù

这家商店正在打折，我们进去逛逛吧。
Zhè jiā shāngdiàn zhèngzài dǎzhé, wǒmen jìnqù guàngguang ba.

好啊	想	打折	看看
hǎo a	xiǎng	dǎzhé	kànkan

你帮我写资料可以吗？
Nǐ bāng wǒ xiě zīliào kěyǐ ma?

谁跟谁	等	活儿	帮
shéi gēn shéi	děng	huór	bāng

我们明天去看棒球比赛怎么样？
Wǒmen míngtiān qù kàn bàngqiú bǐsài zěnmeyàng?

不好意思	不行	时间	周末
bùhǎoyìsi	bù xíng	shíjiān	zhōumò

您能寄给我新产品的资料吗？
Nín néng jì gěi wǒ xīn chǎnpǐn de zīliào ma?

当然	没问题	准备	发给
dāngrán	méi wèntí	zhǔnbèi	fā gěi

04. 爱好/运动 취미/운동

001 我平时喜欢做运动, 特别是游泳。
Wǒ píngshí xǐhuan zuò yùndòng, tèbié shì yóuyǒng.

저는 평소에 운동하는 것을 좋아합니다, 특히 수영입니다(을 좋아합니다).

· 운동 종류 : 爬山, 跑步, 踢足球, 打保龄球 등

002 我对运动很感兴趣, 每天早上去公园锻炼身体。
Wǒ duì yùndòng hěn gǎn xìngqù, měitiān zǎoshang qù gōngyuán duànliàn shēntǐ.

저는 운동에 매우 관심이 있습니다, 매일 아침 공원에 가서 운동(신체 단련)을 합니다.

· 对+대상+很感兴趣 : '~에 매우 관심이 있다' 의미
  예) 对中国文化很感兴趣(중국문화에 매우 관심이 있다),
  对旅行很感兴趣(여행에 매우 관심이 있다), 对拍照很感兴趣(사진촬영에 매우 관심이 있다)

003 无论多忙, 这都是我每天必做的事。
Wúlùn duō máng, zhè dōu shì wǒ měitiān bì zuò de shì.

아무리 바쁘더라도, 이것은 제가 매일 꼭 해야 하는 일입니다.

· 无论(不管) ~, 都~ : 조건 관계를 나타냄(~에 관계없이, ~라도)

004 旅行或者见朋友的时候, 用手机随时随地拍照。
Lǚxíng huòzhě jiàn péngyou de shíhou, yòng shǒujī suíshí suídì pāizhào.

여행을 가거나 친구를 만날 때, 휴대폰으로 언제 어디서나 사진을 찍습니다.

· 시간, 장소의 제한을 받지 않을 때 사용
  예) 随时随地上网(언제 어디서나 인터넷 하다), 随时随地结账(언제 어디서나 결제하다)

005 看头条新闻, 了解一下最近的热门话题。
Kàn tóutiáo xīnwén, liǎojiě yíxià zuìjìn de rèmén huàtí.

톱뉴스를 보고, 최근의 이슈에 대해 이해합니다.

· 了解 : 명백하게 알고 있을 때 사용
  예) 了解历史文化(중국 문화를 이해하다), 了解一下股市情况(주식시장을 이해하다),
  增进了解(이해를 증진시키다)

04. 爱好/运动 취미/운동

006 坐在沙发上一边看比赛，一边喝啤酒。
Zuò zài shāfā shang yìbiān kàn bǐsài, yìbiān hē píjiǔ.

소파에 앉아서 경기를 보면서, 맥주를 마십니다.

· 一边+동사, ~一边+동사 : 두 개의 동작이 동시에 진행될 때 사용
  예) 一边看书, 一边听音乐(책을 보며 음악을 듣다)

007 小猫毛茸茸的，既可爱又听话。
Xiǎomāo máorōngrōng de, jì kě'ài yòu tīnghuà.

새끼 고양이는 털이 보송보송합니다, 귀여우면서도 말을 잘 듣습니다.

· 동물 종류 : 大熊猫(판다), 猴子(원숭이), 小狗(강아지) 등

008 动作片儿是我的最爱，很有意思。
Dòngzuòpiānr shì wǒ de zuì ài, hěn yǒuyìsi.

액션 영화는 제가 가장 좋아하는 것이며, 매우 재미있습니다.

· 영화 종류 : 爱情片儿(로맨스), 纪录片儿(다큐멘터리), 喜剧片儿(코미디) 등

009 可以消除压力，放松自己。
Kěyǐ xiāochú yālì, fàngsōng zìjǐ.

스트레스를 해소할 수 있고, 긴장을 풀수 있습니다.

· 관련 표현 : 缓解压力(스트레스를 완화하다), 解除压力(스트레스를 풀다)

010 不仅能丰富生活，而且还能陶冶性情。
Bùjǐn néng fēngfù shēnghuó, érqiě hái néng táoyě xìngqíng.

생활을 풍부하게 할 뿐 아니라, (게다가) 마음을 다스릴 수 있습니다.

· 4부분의 취미 및 운동 주제에서 기본적으로 많이 쓰이는 표현

练习 연습

★ 질문의 핵심 point 부분을 주의하며, 제시된 단어를 활용하여 자유롭게 대답해 봅시다.

你喜欢看外国电影吗?
Nǐ xǐhuan kàn wàiguó diànyǐng ma?

喜欢	动作片儿	有意思	有空儿
xǐhuan	dòngzuòpiànr	yǒuyìsi	yǒu kòngr

你喜欢看足球比赛吗?
Nǐ xǐhuan kàn zúqiú bǐsài ma?

特别	一边~一边~	消除	放松
tèbié	yìbiān ~ yìbiān ~	xiāochú	fàngsōng

你昨天看新闻了吗?
nǐ zuótiān kàn xīnwén le ma?

看了	无论	必做	了解
kàn le	wúlùn	bì zuò	liǎojiě

你喜欢养什么动物?
Nǐ xǐhuan yǎng shénme dòngwù?

喜欢	毛茸茸	可爱	听话
xǐhuan	máorōngrōng	kě'ài	tīnghuà

你常常拍照吗?
Nǐ chángcháng pāizhào ma?

感兴趣	旅行	随时随地	丰富
gǎn xìngqù	lǚxíng	suíshí suídì	fēngfù

05. 日常生活 일상 생활

001 每天都 **早睡早起**, 一般六点就起床。
Měitiān dōu zǎoshuì zǎoqǐ, yìbān liù diǎn jiù qǐchuáng.

매일 일찍 자고 일찍 일어납니다, 보통 6시면 일어납니다.

· 행동과 관련된 표현 : 晚睡早起(늦게 자고 일찍 일어나다), 晚睡晚起(늦게 자고 늦게 일어나다),
  按时睡觉(제시간에 잠자다), 很有规律(매우 규칙적이다)

002 我几乎天天都**加班**。
Wǒ jīhū tiāntiān dōu jiābān.

저는 거의 매일 야근을 합니다.

· 加班 = 加夜班 = 加班加点 = 开夜车

003 我每天工作**8个小时**, 一周工作**五天**。
Wǒ měitiān gōngzuò bā ge xiǎoshí, yì zhōu gōngzuò wǔtiān.

저는 매일 8시간 일하고, 한 주에 5일 근무합니다.

· 동사+(了)+시량사+(목적어) : 동작이 지속한 시간을 표현할 때
  예) 休息十分钟(10분 쉬다), 学了一年汉语(중국어를 1년 공부 했다)

004 天天都**忙得脚打后脑勺**。
Tiāntiān dōu máng de jiǎo dǎ hòunǎosháo.

매일 너무 바쁩니다.

· 관련 표현 : 忙着工作(바쁘게 일하다), 忙得不可开交(눈코 뜰 새 없이 바쁘다)

005 好久不见, 你还是老样子啊。
Hǎojiǔbújiàn, nǐ háishi lǎoyàngzi a.

오랜만입니다, 당신은 예전 모습 그대로 입니다.

006 有一个重要的会议，没有时间吃饭。
Yǒu yí ge zhòngyào de huìyì, méiyǒu shíjiān chīfàn.

중요한 회의가 있어서, 밥 먹을 시간이 없습니다.

007 那你先忙，我就不打扰你了。
Nà nǐ xiān máng, wǒ jiù bù dǎrǎo nǐ le.

그럼 먼저 일 보세요, 제가 방해하지 않겠습니다.

· 상대방이 일이 있어서 임시로 시간을 바꿀 때 자주 쓰는 표현

008 周末办婚礼，一起去吃他的喜糖吧。
Zhōumò bàn hūnlǐ, yìqǐ qù chī tā de xǐtáng ba.

주말에 결혼식에 갑니다, 함께 그의 결혼 사탕을 먹으러 갑시다.

· 吃喜糖 : '결혼 하다' 의미, 한국의 결혼식에서 국수 먹는 것과 동일한 의미
  예) 你什么时候请我吃(你的)喜糖? (언제 국수 먹여 줄 건가요?)

009 好不容易周末能歇歇，我要好好儿休息一下。
Hǎobùróngyì zhōumò néng xiēxie, wǒ yào hǎohāor xiūxi yíxià.

가까스로 주말에 쉴 수 있게 되었으니, 푹 좀 쉬어야겠습니다.

· 好好儿+동사 : '잘 ~하다' 의미
  예) 好好儿工作(일을 잘 하다), 好好儿学习(공부를 잘하다/열심히 하다)

010 结婚已经十年了，我觉得很幸福。
Jiéhūn yǐjing shí nián le, wǒ juéde hěn xìngfú.

결혼 한지 벌써 10년이 되었습니다, 저는 매우 행복합니다.

· 비지속형 동사+시량사+了 : '어떠한 행위를 ~동안 했다'는 것을 표현할 때
· 비지속형 동사(한 번 일어나고 시간만 지나는 동사) :
  来(오다)+장소, 毕业(졸업하다), 结婚(결혼하다), 认识(알다) 등

练习 연습

⭐ 질문의 핵심 point 부분을 주의하며, 제시된 단어를 활용하여 자유롭게 대답해 봅시다.

你看起来很累啊!
Nǐ kànqǐlái hěn lèi a!

加班	忙	累	好好儿
jiābān	máng	lèi	hǎohāor

今天晚上我临时有事儿, 我们改天见面吧。
Jīntiān wǎnshang wǒ línshí yǒu shìr, wǒmen gǎitiān jiànmiàn ba.

忙	打扰	有空儿	联系
máng	dǎrǎo	yǒu kòngr	liánxì

好久不见了, 最近过得怎么样?
Hǎojiǔbújiàn le, zuìjìn guò de zěnmeyàng?

好久	老样子	过	吃喜糖
hǎojiǔ	lǎoyàngzi	guò	chī xǐtáng

你每天早起吗?
Nǐ měitiān zǎoqǐ ma?

早睡早起	起床	看新闻	锻炼
zǎoshuìzǎoqǐ	qǐchuáng	kàn xīnwén	duànliàn

你跟家人一起住吗?
Nǐ gēn jiārén yìqǐ zhù ma?

结婚	~口人	住在~	幸福
jiéhūn	~ kǒu rén	zhù zài	xìngfú

06. 天气/季节 날씨/계절

001 听天气预报说, 今天零下三度。
Tīng tiānqì yùbào shuō, jīntiān língxià sān dù.

일기예보에서 듣자하니, 오늘은 영하 3도 입니다.

- 听~说 : 말할 대상을 중간에 넣음
  예) 听老师说(선생님이 말씀하시길), 听他说(그가 말하길)

002 关上窗户, 打开空调。
Guān shang chuānghu, dǎkāi kōngtiáo.

창문을 닫으시고, 에어컨을 켜세요.

- 关上(닫다, 끄다) / 打开(열다, 켜다) : (창)문 및 전자 기기에 사용
  예) 关上电脑(컴퓨터를 끄다), 打开门(문을 열다)

003 多穿(点儿)衣服, 小心别感冒。
Duō chuān (diǎnr) yīfu, xiǎoxīn bié gǎnmào.

옷을 많이 (좀) 입으세요, 감기 걸리지 않게 조심하세요.

- 多+동사+(点儿) : 주로 상대에게 권할 때 사용, 点儿 생략 가능
  예) 多吃点儿(많이 좀 먹다), 多喝点儿(많이 좀 마시다), 多注意身体(몸을 매우 조심하다)

004 外边很冷, 你要多注意身体。
Wàibian hěn lěng, nǐ yào duō zhùyì shēntǐ.

밖은 매우 추워요, 몸 조심 하셔야 합니다.

- 기온 관련 표현 : 很暖和(매우 따뜻하다), 热死了(더워 죽겠다), 凉快极了(매우 시원하다)

005 最近雾霾天气很严重, 别忘了戴口罩。
Zuìjìn wùmái tiānqì hěn yánzhòng, bié wàng le dài kǒuzhào.

요즘 미세먼지 날씨가 심각하니, 마스크 쓰는 것 잊지마세요.

- 날씨 표현 : 沙尘天气(황사 날씨), 刮风(바람이 불다), 下雪(눈이 오다), 下雨(비가 오다)

06. 天气/季节 날씨/계절

006 最近几天一直下雨, 出门的时候记得带雨伞。
Zuìjìn jǐ tiān yìzhí xiàyǔ, chūmén de shíhou jìde dài yǔsǎn.

요즘 며칠 동안 계속 비가 내립니다, 집을 나설 때 우산 가지고 가는 것 기억하세요.

007 我们一起喝杯冰咖啡吧, 凉快儿一下。
Wǒmen yìqǐ hē bēi bīng kāfēi ba, liángkuàir yíxià.

우리 함께 아이스커피 한 잔 마시고, 더위를 식혀요.

008 空气很新鲜, 心情很好。
Kōngqì hěn xīnxiān, xīnqíng hěn hǎo.

공기가 매우 신선해서, 기분이 좋습니다.

· 감정 표현 : 很郁闷(매우 답답하다), 很烦躁(매우 짜증나다)

009 春天有樱花, 秋天有枫叶, 风景很美丽。
Chūntiān yǒu yīnghuā, qiūtiān yǒu fēngyè, fēngjǐng hěn měilì.

봄에는 벚꽃, 가을에는 단풍이 있어, 경치가 매우 아름답습니다.

· 관련 표현 : 春暖花开(봄날에 기온은 따뜻하고 꽃이 핌), 秋高气爽(가을 하늘은 높고 기온은 상쾌하다)

010 夏天去海边游泳, 冬天去滑雪。
Xiàtiān qù hǎibiān yóuyǒng, dōngtiān qù huáxuě.

여름에는 해변에 가서 수영을 하고, 겨울에는 스키 타러 갑니다.

练习 연습

★ 질문의 핵심 point 부분을 주의하며, 제시된 단어를 활용하여 자유롭게 대답해 봅시다.

春天和秋天, 你喜欢什么季节?
Chūntiān hé qiūtiān, nǐ xǐhuan shénme jìjié?

春天	暖和	樱花	美丽
chūntiān	nuǎnhuo	yīnghuā	měilì

外边天气怎么样?
Wàibian tiānqì zěnmeyàng?

冷	出门	穿	感冒
lěng	chūmén	chuān	gǎnmào

天气太热了。
Tiānqì tài rè le.

热	度	喝	凉快儿
rè	dù	hē	liángkuàir

听说今天晚上会下雨。
Tīngshuō jīntiān wǎnshang huì xiàyǔ.

天气预报	一直	记得	注意
tiānqì yùbào	yìzhí	jìde	zhùyì

外边刮风了,你可以关上窗户吗?
Wàibian guāfēng le, nǐ kěyǐ guān shang chuānghu ma?

当然	听说	沙尘	戴
dāngrán	tīngshuō	shāchén	dài

07. 居住/交通 거주/교통

001
离这儿很近, 就在附近。
Lí zhèr hěn jìn, jiù zài fùjìn.

여기에서 매우 가까워요, 바로 근처에 있습니다.

- A离B+很近/很远/距离 : 'A는 B에서 매우 가깝다/ 멀다/구체적거리(~떨어져 있다)'
  예) 这儿离公司8公里。(여기는 회사에서 8km 떨어져 있다)

002
一直走, 到十字路口往右拐就是。
Yìzhí zǒu, dào shízìlùkǒu wǎng yòu guǎi jiù shì.

직진하시다가, 사거리에서 오른쪽으로 꺾으시면 (우회전 하시면) 바로입니다.

- 到+장소+往+방향+拐 : '~에서 ~으로 꺾다'
  예) 到银行往左拐(은행에서 좌회전하다)

003
我住在江南站附近, 早上七点从家出发去公司。
Wǒ zhù zài Jiāngnánzhàn fùjìn, zǎoshang qī diǎn cóng jiā chūfā qù gōngsī.

저는 강남역 근처에 살고 있습니다, 아침 7시에 집에서 출발하여 회사에 갑니다.

- 住在+장소 : 예) 住在首尔(서울에 삽니다)
- 住+了1+숫자+年+了2 : '~년째 살고 있다'
  예) 住了10年了(10년째 살고 있습니다) (了1-'완료' 의미 , 了2 -'지속' 의미)

004
我每天坐地铁上下班, 又快又方便。
Wǒ měitiān zuò dìtiě shàngxiàbān, yòu kuài yòu fāngbiàn.

저는 매일 지하철을 타고 출퇴근을 합니다, 빠르고 편리합니다.

- 坐(타다) : 公共汽车(버스), 火车(기차), 飞机(비행기), 船(배), 班车(회사 통근 버스)
- 骑(타다) : 马(말), 自行车(자전거), 摩托车(오토바이)
- 관련 표현 : 开车(운전하다), 打车(택시 타다)

005
从机场到火车站, 大概需要15分钟左右。
Cóng jīchǎng dào huǒchēzhàn, dàgài xūyào shíwǔ fēnzhōng zuǒyòu.

공항에서 기차역까지, 대략 15분 정도 걸립니다.

- 大概+(동사)+수량+左右 : '대략 ~정도'를 의미, 대략적인 수를 표현할 때
  예) 大概500块左右(대략 500원 정도)

006 上下班高峰时间, 路上堵车堵得很厉害。
Shàngxiàbān gāofēng shíjiān, lù shang dǔchē dǔ de hěn lìhai.

출퇴근 러시아워에는, 길에 차가 많이 막힙니다.

· (동사)+명사+동사+得+(很)+형용사 : 동사의 정도를 표현 할 때
· 得는 명사 뒤에 올 수 없으며 첫 번째 동사 생략 가능
  예) (写)汉字写得很漂亮(한자를 예쁘게 쓰다)

007 我打车去, 应该来得及, 不会迟到的。
Wǒ dǎchē qù, yīnggāi láidejí, bú huì chídào de.

제가 택시 타고 갈게요, 늦지 않을 거예요, 지각하지 않을 겁니다.

· 관련 표현 : 来得及(늦지 않다), 来不及(시간이 모자라다),
  赶得上(쫓아갈 수 있다), 赶不上(쫓아갈 수 없다)

008 实在抱歉, 让您久等了。
Shízài bàoqiàn, ràng nín jiǔ děng le.

정말 죄송합니다, 당신을 너무 오래 기다리게 했습니다.

· 약속 시간에 늦었음을 표현할 때

009 请你原谅, 下次一定注意。
Qǐng nǐ yuánliàng, xiàcì yídìng zhùyì.

용서해주세요, 다음에는 반드시 주의하겠습니다.

· 어떠한 일을 잘못하여 미안함을 표현할 때

010 下一站下车, 再坐一站就到了。
Xià yí zhàn xiàchē, zài zuò yí zhàn jiù dào le.

다음 역에 내립니다, 한 정거장 만 더 가면 바로 도착합니다.

· 관련 표현 : 上(一)站(지난 역), 这(一)站(이번 역), 下(一)站(다음 역),
  坐一站(한 정거장 가다), 坐两站(두 정거장 가다), 坐几站(몇 정거장 가다)

练习 연습

★ 질문의 핵심 point 부분을 주의하며, 제시된 단어를 활용하여 자유롭게 대답해 봅시다.

几点从家里出发**去公司**?
Jǐ diǎn cóng jiā li chūfā qù gōngsī?

出发	住在	从~到~	需要
chūfā	zhù zài	cóng~dào~	xūyào

你怎么**来晚了**, 路上出了什么事儿?
Nǐ zěnme lái wǎn le, lù shang chū le shénme shìr?

对不起	久等	高峰	堵车
duìbuqǐ	jiǔ děng	gāofēng	dǔchē

你**怎么回家**?
Nǐ zěnme huíjiā?

坐地铁	快	方便	离
zuò dìtiě	kuài	fāngbiàn	lí

公司附近**有银行**吗?
Gōngsī fùjìn yǒu yínháng ma?

附近	近	走	拐
fùjìn	jìn	zǒu	guǎi

我们要**赶不上**火车了。
Wǒmen yào gǎnbushàng huǒchē le.

下一站	坐一站	来得及	迟到
xià yí zhàn	zuò yí zhàn	láidejí	chídào

08. 健康/就医 건강/진료

001 你怎么了？哪儿不舒服？有什么症状？
Nǐ zěnme le? Nǎr bù shūfu? Yǒu shénme zhèngzhuàng?

왜 그러세요? 어디가 불편하신가요? 어떤 증상이 있으신가요?

002 我从昨天起开始有点儿发烧，好像感冒了。
Wǒ cóng zuótiān qǐ kāishǐ yǒudiǎnr fāshāo, hǎoxiàng gǎnmào le.

저는 어제부터 열이 약간 나기 시작했습니다, 감기에 걸린 것 같습니다.

- 有点儿 : 주로 만족스럽지 못한 느낌을 표현할 때
  예) 有点儿大(약간 크다), 有点儿贵(약간 비싸다), 有点儿不舒服(약간 불편하다/아프다)

003 身体不舒服。头疼，全身没有力气。
Shēntǐ bù shūfu. Tóuténg, quánshēn méiyǒu lìqì.

몸이 아픕니다. 머리가 아프고, 온몸에 기운이 없습니다.

004 没什么胃口，总是不想吃东西。
Méi shénme wèikǒu, zǒngshì bù xiǎng chī dōngxi.

입맛이 별로 없고, 항상 뭘 먹고 싶지 않습니다.

- 胃口(입맛,식욕)와 口味(구미,맛의 선호도)를 구별해야 함
  예) 非常合我的口味(나의 입맛에 딱 맞다)

005 牙疼，疼得很厉害，吃不了东西。
Yáténg, téng de hěn lìhai, chī buliǎo dōngxi.

이가 심하게 아픕니다, 음식을 먹을 수 없습니다.

- 동사+ 不(得)了 : '~할 수 없다/~할 수 있다'를 표현할 때
  예) 去不了(갈 수 없다), 来得了(올 수 있다)
- 不了와 得了 : 了[liǎo]로 발음

08. 健康/就医 건강/진료

006 最近压力很大，晚上睡不着觉。
Zuìjìn yālì hěn dà, wǎnshang shuì bu zháo jiào.

요즘 스트레스가 매우 심해서, 저녁에 잠을 잘 수 없습니다.

- 不着 : 행위의 목적 달성 하지 못했음을 표현할 때
  예) 找不着(찾을 수 없다), 用不着(사용할 수 없다)
- 着 : [zháo]로 발음

007 尽量多注意休息，多喝点儿热水。
Jǐnliàng duō zhùyì xiūxi, duō hē diǎnr rèshuǐ.

최대한 휴식에 신경쓰시고, 따뜻한 물을 많이 좀 드세요.

008 今天你的脸色特别不好，显得特别累。
Jīntiān nǐ de liǎnsè tèbié bù hǎo, xiǎnde tèbié lèi.

오늘 안색이 좋지 않아 보여요, 피곤해 보입니다.

- 显得 : '~하게 보이다'의미
  예) 显得很高兴(매우 기뻐 보인다), 显得很年轻(매우 젊어 보인다)

009 看过医生了，现在好多了。
Kàn guo yīshēng le, xiànzài hǎo duō le.

병원에 다녀왔습니다, 지금은 많이 좋아졌습니다.

- 동사+过 : 과거의 발생했던 것 혹은 경험에 대해 설명할 때 사용, 过는 경성으로 발음
  예) 去过中国(중국에 가본적 있다)
- 부정형 : 没+동사+过(~해본 적 없다)
  예) 没吃过中国菜(중국 음식을 먹어 본 적이 없다)

010 公司的事儿不用操心了。
Gōngsī de shìr bú yòng cāoxīn le.

회사 일은 신경 쓸 필요가 없습니다.

- 不用+동사+(了) = 别+동사+(了)
  예) 不用担心(걱정하지마), 不用去了(갈 필요 없다)

练习 연습

★ 질문의 핵심 point 부분을 주의하며, 제시된 단어를 활용하여 자유롭게 대답해 봅시다.

你哪儿不舒服?
Nǐ nǎr bù shūfu?

牙疼	厉害	胃口	吃不了
yáténg	lìhai	wèikǒu	chī buliǎo

最近睡得怎么样?
Zuìjìn shuì de zěnmeyàng?

压力	睡不着	舒服	力气
yālì	shuì bu zháo	shūfu	lìqi

我好像感冒了, 你能帮我买药回来吗?
Wǒ hǎoxiàng gǎnmào le, nǐ néng bāng wǒ mǎi yào huílai ma?

当然	症状	去药店	热水
dāngrán	zhèngzhuàng	qù yàodiàn	rèshuǐ

你昨天怎么没来学校?
Nǐ zuótiān zěnme méi lái xuéxiào?

发烧	感冒	看过	好多了
fāshāo	gǎnmào	kàn guo	hǎo duō le

我身体有点儿不舒服, 今天可以早点儿下班吗?
Wǒ shēntǐ yǒudiǎnr bù shūfu, jīntiān kěyǐ zǎo diǎnr xiàbān ma?

脸色	显得	不用	注意
liǎnsè	xiǎnde	bú yòng	zhùyì

09. 学习/考试 공부/시험

001 我会说汉语, 说得很好。
Wǒ huì shuō Hànyǔ, shuō de hěn hǎo.

저는 중국어를 (말)할 수 있습니다, (말을) 매우 잘합니다.

- 会+동사+(목적어) : 답변 시 단독 사용 가능(会/不会)
- 의미1 : '~할 수 있다'(후천적으로 배워서 생긴 능력)
  예) 你会弹钢琴吗?(당신은 피아노 칠 수 있습니까?)
- 의미2 : '~할 것이다'(실현 가능성)
  예) A : 明天会不会下雨?(내일 비가 올까요, 안 올까요?)

002 我能说(一口)流利的英语。
Wǒ néng shuō (yì kǒu) liúlì de Yīngyǔ.

저는 영어를 유창하게 (술술)말할 수 있습니다.

- 一口 : 예) 说一口地道的北京话(토박이 북경어를 술술 구사한다)

003 每天去补习班学习, 而且经常跟中国朋友聊天儿。
Měitiān qù bǔxíbān xuéxí, érqiě jīngcháng gēn Zhōngguó péngyou liáotiānr.

매일 학원에 가서 공부하고, 게다가 중국 친구와 자주 이야기 합니다.

004 我觉得学习汉语虽然很难, 但是很有意思。
Wǒ juéde xuéxí Hànyǔ suīrán hěn nán, dànshì hěn yǒuyìsi.

비록 중국어를 공부하는 것은 매우 어렵지만, (그러나) 매우 재미있습니다.

- 虽然~, 但是(不过)~ : 의미전환을 표현할 때, '비록~이지만, 그러나~하다' 의미
  예) 虽然很贵, 但是质量很好(비록 비싸지만, 품질이 좋다),
    虽然我很想去, 但是没有时间(비록 가고싶지만, 시간이 없다)

005 学习外语, 既要练习听和说, 也要多读多写。
Xuéxí wàiyǔ, jì yào liànxí tīng hé shuō, yě yào duō dú duō xiě.

외국어를 배우려면, 듣기와 말하기를 연습해야 하며, 많이 읽고 많이 써야 합니다.

- 既~, 也(又/且)~ : 두 가지 상황이나 성질이 병존할 때 사용, 사이에는 술어가 옴

006 平时很努力, 一定没问题。
Píngshí hěn nǔlì, yídìng méi wèntí.

평소에 매우 노력하고 있으니, 반드시 문제없을 겁니다.

· 자주 사용되는 표현: 努力工作(열심히 일하다), 努力学习(열심히 공부하다)

007 准备得很好, 我希望能取得好成绩。
Zhǔnbèi de hěn hǎo, wǒ xīwàng néng qǔdé hǎo chéngjì.

준비가 잘 되었고, 좋은 성적을 거둘 수 있기를 희망합니다.

· 希望: '희망하다'의미, 생각한 것이 현실이 되길 바랄 때 사용
  예) 希望能上大学(대학에 갈 수 있길 희망하다), 希望能被录取(채용되길 희망하다)
· 祝: '기원하다, 바라다'의 의미, 상대에게 좋은 소원을 표할 때 사용
  예) 祝你生日快乐(생일 축하드립니다), 祝你身体健康(몸 건강하시길 바랍니다)

008 这次面试别提多紧张了, 参加面试的人很多。
Zhècì miànshì bié tí duō jǐnzhāng le, cānjiā miànshì de rén hěn duō.

이번 면접은 어찌나 긴장했는지 말도 마세요, 면접을 보는 사람이 매우 많았습니다.

· 别提多~了: 말할 수 없을 정도로 그 정도가 심함을 표현할 때, 다소 과장된 어기
  예) 别提多高兴了(얼마나 기쁜지 말도 마세요)
· 别提了: 괴롭거나 난감한 정도가 심해 정도를 설명하기 곤란함을 표현할 때
  예) 别提了, 这次考试考砸了(말도 마세요, 이번 시험 망쳤어요)

009 因为我经常去中国出差, 见客户, 所以常常说汉语。
Yīnwèi wǒ jīngcháng qù Zhōngguó chūchāi, jiàn kèhù, suǒyǐ chángcháng shuō Hànyǔ.

왜냐하면 저는 자주 중국 출장을 가고 거래처를 만납니다, 그래서 중국어를 자주 말합니다.

· 因为~, 所以: 원인과 결과를 표현할 때
  예) 因为我对中国文化很感兴趣, 所以我最近正在学习汉语
  (왜냐하면 저는 중국 문화에 관심이 매우 많기 때문에, 그래서 저는 요즘 중국어를 공부하는 중입니다)

010 会说汉语对工作很有帮助。
Huì shuō Hànyǔ duì gōngzuò hěn yǒu bāngzhù.

중국어를 (말)할 수 있으면 일에 매우 도움이 됩니다.

· 对+명사+很有帮助: = 对+명사+帮助很大(~에 큰 도움을 주다), = 有助于~(~에 도움이 되다)

练习 연습

⭐ 질문의 핵심 point 부분을 주의하며, 제시된 단어를 활용하여 자유롭게 대답해 봅시다.

你会说**几种外语**?
Nǐ huì shuō **jǐ zhǒng wàiyǔ**?

| 流利 | 出差 | 见客户 | 帮助 |
| liúlì | chūchāi | jiàn kèhù | bāngzhù |

你**学习汉语**的好**方法**是什么?
Nǐ **xuéxí Hànyǔ** de hǎo **fāngfǎ** shì shénme?

| 既 | 也 | 难 | 有意思 |
| jì | yě | nán | yǒuyìsi |

考试准备得怎么样?
Kǎoshì zhǔnbèi de zěnmeyàng?

| 准备 | 努力 | 没问题 | 取得 |
| Zhǔnbèi | nǔlì | méi wèntí | qǔdé |

你昨天的**面试**怎么样?
Nǐ zuótiān de **miànshì** zěnmeyàng?

| 参加 | 别提 | 希望 | 录取 |
| cānjiā | bié tí | xīwàng | lùqǔ |

你**常说汉语**吗?
Nǐ **cháng shuō Hànyǔ** ma?

| 常常 | 补习班 | 聊天儿 | 说得很好 |
| chángcháng | bǔxíbān | liáotiānr | shuō dé hěn hǎo |

10. 公司/业务 회사/업무

001 我们公司成立于1975年，至今已经有几十年的历史了。

Wǒmen gōngsī chénglì yú yī jiǔ qī wǔ nián, zhìjīn yǐjing yǒu jǐ shí nián de lìshǐ le.

저희 회사는 1975년에 창립되었으며, 지금까지 이미 수십 년의 역사가 있습니다.

· 동사+于 : '~에, ~에게, ~부터' 의미
  예) 出生于/生于(~에 출생하다), 毕业于(~를 졸업하다), 有助于(~에 도움이 되다), 成立于(~에 설립되다)

002 我们公司是韩国一家著名的电子厂商，有200多名职员。

Wǒmen gōngsī shì Hánguó yì jiā zhùmíng de diànzǐ chǎngshāng, yǒu liǎngbǎi duō míng zhíyuán.

저희 회사는 한국의 한(개) 유명한 전자 제조업체이며, 200명 정도의 직원이 있습니다.

· 家 : 이익을 추구하는 장소(공장, 음식점, 가게, 회사 등)의 양사
  예) 一家商店(상점 한 개), 一家饭店(음식점 한 개)

003 酒店和机票已经预订好了，我们要呆三天。

Jiǔdiàn hé jīpiào yǐjing yùdìng hǎo le, wǒmen yào dāi sān tiān.

호텔과 비행기표는 이미 (잘) 예약 했습니다, 저희는 3일 동안 머무를 것 입니다.

· 예약 표현 : 预订车票(차표를 예약하다), 预订杂志(잡지를 예약하다), 预订酒席(술자리를 예약하다)

004 这次出差，我们取得了预想不到的好成果。

Zhècì chūchāi, wǒmen qǔdé le yùxiǎng bú dào de hǎo chéngguǒ.

이번 출장에서 저희는 예상하지 못했던 좋은 성과를 거두었습니다.

· 동사 +到 : 목적 달성의 여부를 표현할 때
  예) 找到了(찾았다), 没找到(찾지 못했다), 找不到(찾을 수 없다)

005 第一次去出差，既紧张又期待。

Dìyīcì qù chūchāi, jì jǐnzhāng yòu qīdài.

처음(첫번째)으로 출장을 갑니다, 긴장도 되고 기대도 됩니다.

· 순차적 횟수 혹은 여러 번 나타날 수 있는 동작이나 일에 사용
· 관련 표현 : 上次(지난 번), 这次/本次(이번), 下次(다음 번), 两次(두 번), 几次(몇 번)
  예) 去过两次(두 번 가봤습니다)

10. 公司/业务 회사/업무

006 我对现在的这份工作还比较满意。
Wǒ duì xiànzài de zhè fèn gōngzuò hái bǐjiào mǎnyì.

저는 지금의 이 일에 대해 비교적 만족합니다.

> · 对+대상 : 동작이나 행위의 대상을 이끌어 낼 때 사용
> 예) 对公司比较满意(회사에 비교적 만족합니다), 对工资很满意(월급에 매우 만족합니다)

007 部门的气氛很融洽, 同事们的关系很好。
Bùmén de qìfēn hěn róngqià, tóngshìmen de guānxi hěn hǎo.

부서의 분위기는 매우 화기애애하고, 동료들의 관계는 매우 좋습니다.

008 工资还算可以, 还有奖金, 收入不错。
Gōngzī hái suàn kěyǐ, háiyǒu jiǎngjīn, shōurù búcuò.

월급은 그런대로 괜찮으며, 보너스도 있어서, 수입이 좋습니다.

009 会议定在明天上午九点, 在三楼的会议室进行。
Huìyì dìng zài míngtiān shàngwǔ jiǔ diǎn, zài sān lóu de huìyìshì jìnxíng.

회의는 내일 오전 9시에, 3층 회의실에서 진행 하기로 되어 있습니다.

010 王经理主持本次会议, 他的经验很丰富。
Wáng jīnglǐ zhǔchí běncì huìyì, tā de jīngyàn hěn fēngfù.

왕 사장님은 이번 회의를 주관합니다, 그의 경험은 매우 풍부합니다.

练习 연습

★ 질문의 핵심 point 부분을 주의하며, 제시된 단어를 활용하여 자유롭게 대답해 봅시다.

你第一次去海外出差，心情怎么样？
Nǐ dìyīcì qù hǎiwài chūchāi, xīnqíng zěnmeyàng?

第一次	紧张	期待	预订
dìyīcì	jǐnzhāng	qīdài	yùdìng

下次会议定在什么时候？
Xiàcì huìyì dìng zài shénme shíhou?

定	进行	主持	丰富
dìng	jìnxíng	zhǔchí	fēngfù

你对工资满意吗？
Nǐ duì gōngzī mǎnyì ma?

满意	工资	奖金	收入
Mǎnyì	gōngzī	jiǎngjīn	shōurù

你和同事的关系怎么样？
Nǐ hé tóngshì de guānxi zěnmeyàng?

关系	融洽	聊天儿	喝酒
guānxi	róngqià	liáotiānr	hē jiǔ

你们公司成立多长时间了？
Nǐmen gōngsī chénglì duōcháng shíjiān le?

成立	至今	著名	职员
chénglì	zhìjīn	zhùmíng	zhíyuán

제3부분

10. 公司/业务 회사/업무

11. 旅行/感想 여행/느낌

001 趁休假, 去北京转转。
Chèn xiūjià, qù Běijīng zhuànzhuan.

휴가를 틈타, 북경에 가서 좀 돌아봐야겠습니다.

- 趁 : 예) 趁暑假(여름 방학을 틈타서), 趁这个机会(이 기회에), 趁热吃(뜨거울 때 드세요), 趁早治疗(빨리 치료하세요)

002 既可以游览名胜古迹, 又可以吃到各色各样的传统美食。
Jì kěyǐ yóulǎn míngshènggǔjì, yòu kěyǐ chī dào gèsègèyàng de chuántǒng měishí.

명승고적을 감상할 수 있을 뿐만 아니라, 각양각색의 전통 음식도 먹을 수 있습니다.

- 各色各样 = 各种各样
  예) 各色各样的商品(각양각색의 상품), 各种各样的方法(각양각색의 방법)

003 快帮我照张相, 要照得好看点儿。
Kuài bāng wǒ zhào zhāng xiàng, yào zhào de hǎokàn diǎnr.

빨리 사진 좀 찍어주세요, 좀 예쁘게 찍어주세요.

- 照相 = 拍照 = 照片(儿)
- 관련 표현 : 照(一)张相(사진 한 장을 찍다), 照相机(카메라)

004 这次旅行可谓是一次难忘的经历。
Zhècì lǚxíng kěwèi shì yí cì nánwàng de jīnglì.

이번 여행은 (그야말로) 잊을 수 없는 여행이었다고 할 만합니다.

- 可谓是 = 可以说是 = 可以称为
  예) 可谓是用心良苦(마음 심성이 좋다고 할 만합니다), 可谓是两全其美(쌍방이 모두 좋다고 할 만합니다)

005 送给她现金吧, 她可以买需要的东西。
Sòng gěi tā xiànjīn ba, tā kěyǐ mǎi xūyào de dōngxi.

그녀에게 현금을 주세요, 그녀가 필요한 물건을 살 수 있습니다.

006 我觉得送什么都表达不了对母亲的心意。
Wǒ juéde sòng shénme dōu biǎodá buliǎo duì mǔqīn de xīnyì.

저는 그 어떤 것을 선물해도 어머니에 대한 마음을 표현할 수 없다고 생각합니다.

· 心意 : 예) 这是我的一点心意(이것은 저의 작은 성의입니다), 你的心意我领了(마음만 받겠습니다)

007 你可真是个马大哈, 总是丢三落四的。
Nǐ kě zhēn shì ge mǎdàhā, zǒngshì diūsānlàsì de.

당신은 정말 덜렁이에요, 항상 이것저것 잊어 버려요.

· 马大哈 : 부주의하거나, 부주의한 사람을 표현할 때
· 丢三落四 : 잘 잊어버리고 덤벙거림을 묘사할 때

008 今天的电影太没有意思了, 我都快要睡着了。
Jīntiān de diànyǐng tài méi yǒuyìsi le, wǒ dōu kuàiyào shuìzháo le.

오늘 영화가 너무 재미없어서, 저는 거의 잠들 뻔 했습니다.

· 快(要)+술어+了 : 어떠한 상황이 빠르게 발생됨을 표현할 때
 예) 快要下雨了(곧 비가 오려고 한다), 快结束了(곧 끝난다)
· (就)要+술어+了 : 어떠한 상황이 시간에 근접했음을 표현할 때
 예) 就要起飞了(곧 이륙하려 합니다), 要结婚了(곧 결혼합니다)

009 这次演出演得很精彩, 很让人感动。
Zhècì yǎnchū yǎn de hěn jīngcǎi, hěn ràng rén gǎndòng.

이번 공연은 아주 멋지게 공연되어, 사람들에게(사람들로 하여금) 많은 감동을 주었습니다.

· 让+대상+독사 ; 예) 让父母失望(부모를 실망시키다), 让我转告您(그에게 전해 드리다)

010 祝你们白头偕老, 早生贵子。
Zhù nǐmen báitóuxiélǎo, zǎoshēngguìzǐ.

백년해로하시고 빨리 득남하세요.

· 결혼 관련 표현 : 相亲相爱(서로 아끼며 사랑하다), 百年好合(평생 화목하다), 度蜜月(신혼여행)

练习 연습

★ 질문의 핵심 point 부분을 주의하며, 제시된 단어를 활용하여 자유롭게 대답해 봅시다.

暑假的时候，去海外**旅行**怎么样？
Shǔjià de shíhou, qù hǎiwài lǚxíng zěnmeyàng?

趁	北京	名胜古迹	美食
chèn	Běijīng	míngshènggǔjì	měishí

这张**照片**是什么时候**拍的**？
Zhè zhāng zhàopiàn shì shénme shíhou pāi de?

的时候	去	拍	难忘
de shíhou	qù	pāi	nánwàng

这儿**真漂亮**啊。
Zhèr zhēn piàoliang a.

风景	空气	照相	好看
fēngjǐng	kōngqì	zhàoxiàng	hǎokàn

你**没看到**我的手机吗？
Nǐ méi kàn dào wǒ de shǒujī ma?

放在	马大哈	丢三落四	找
fàng zài	mǎdàhā	diūsānlàsì	zhǎo

明天是妈妈的**生日**，**送**什么礼物好呢？
Míngtiān shì māma de shēngrì, sòng shénme lǐwù hǎo ne?

送给	需要	高兴	表达
sòng gěi	xūyào	gāoxìng	biǎodá

挑战 도전

★ 모의고사 1

挑战 도전

挑战 도전

★ 모의고사 2

问题: 老张在吗？
回答1: 不在。
回答2: 他现在不在，你有什么事儿吗？要给他留言吗？

挑战 도전

쉬어가기

다른 의미지만 비슷한 발음의 단어 알기

중국어는 발음이 비슷하지만 다른 의미의 뜻을 가지고 있는 단어가 상당히 많다. 제대로 구분하지 않고 말할 경우 대화 시 종종 오해가 발생할 수 있어, 이러한 단어들은 정확한 발음과 뜻을 알고 상황에 맞게 사용해야 한다.

✅ **眼睛** yǎnjing 눈 **VS** **眼镜** yǎnjìng 안경

- 예) 她有大大的眼睛。Tā yǒu dàda de yǎnjing.
  그녀는 매우 큰 눈을 가지고 있습니다.
- 예) 我的眼镜在哪儿？ Wǒ de yǎnjìng zài nǎr?
  내 안경은 어디에 있습니까?

✅ **杯子** bēizi 컵 **VS** **被子** bèizi 이불

- 예) 这个杯子是在哪儿买的？Zhège bēizi shì zài nǎr mǎi de?
  어디서 이 컵을 사셨습니까?
- 예) 睡觉时，一定要盖好被子。Shuìjiào shí, yídìng yào gài hǎo bèizi.
  잠을 잘 때, 이불은 반드시 잘 덮어야 합니다.

✅ **呆** dāi 머무르다 **VS** **带** dài 지니다 **VS** **戴** dài 착용하다

- 예) 她周末一个人呆在家里，不出门。 Tā zhōumò yí ge rén dāi zài jiā li, bù chūmén.
  그녀는 주말에 혼자 집에 머물고, 밖에 나가지 않습니다.
- 예) 今天没带手机出去。 Jīntiān méi dài shǒujī chūqù.
  오늘 휴대폰을 가지고 나가지 않았습니다.
- 예) 最近空气不太好，出门时一定要戴口罩。
  Zuìjìn kōngqì bú tài hǎo, chūmén shí yídìng yào dài kǒuzhào.
  요즘 공기가 그다지 좋지 않습니다, 외출할 때는 마스크를 반드시 착용해야 합니다.

✅ **花** huā 꽃 **VS** **滑** huá 미끄럽다 **VS** **画** huà 그림(그리다)

- 예) 一个男生送了我一朵玫瑰花。Yí ge nánsheng sòng le wǒ yì duǒ méiguīhuā.
  남학생이 저에게 장미꽃 한 송이를 선물했습니다.
- 예) 要小心，路很滑。Yào xiǎoxīn, lù hěn huá.
  조심하세요, 길이 매우 미끄러워요.
- 예) 我们俩的爱好都是画画儿。Wǒmen liǎ de àihào dōu shì huà huàr.
  저희 둘의 취미는 모두 그림 그리기 입니다.

MEMO

제4부분

간단하게 대답하기
简短回答

문제수	5문제
준비 시간	15초
답변시간	25초

问: 你平时去什么地方运动?
　　Nǐ píngshí qù shénme dìfang yùndòng?
　　당신은 평소 어디에 가서 운동을 하나요?

주요주제

취미/운동, 구매/소비, 회사/업무, 가정/생활, 성격/습관,
거주/교통, 여행/날씨, 학습/외국어, 선호/경제

공략법

1. 질문의 의도를 파악하자!
　본 시험에는 그림 없이 질문만 제시되기 때문에 제시된 질문을 듣거나 읽으면서
　문제의 의도를 파악해야 한다.

2. 표현을 익혀 완전한 내용으로 답변하자!
　답변 시간이 꽤 길기 때문에 답변 도입 부분에서 언제/누구와/어디서/무엇을 했는지/
　왜/어떠했는지 등을 이야기하고, 결론/관점/장점 등으로 끝맺음을 하여 구조를 갖추어
　완전하고 상세한 내용으로 답변해야 한다.
　질문에 대한 의견은 초급 3~4문장, 중급 5~6문장으로 답변하되,
　고득점을 노린다면 (사자)성어나 관용구를 적절히 사용해야 한다.

3. 5부분도 함께 준비하자!
　4부분의 내용 중 일부는 5부분에도 중복적으로 출제될 수 있다.
　따라서 4부분의 답변을 50초로도 답변할 수 있도록 연습해야 한다.

01. 爱好/运动 취미/운동

001 我喜欢看各种各样的书, 励志类, 历史类, 政治类等等。
Wǒ xǐhuan kàn gèzhǒnggèyàng de shū, lìzhì lèi, lìshǐ lèi, zhèngzhì lèi děngděng.

저는 자기개발 류, 역사 류, 정치 류 등등, 다양한 종류의 책 보는 것을 좋아합니다.

· 等等 = 什么的
  예) 电视剧, 综艺节目, 新闻等等(=什么的) (드라마, 예능 프로그램, 뉴스 등등)

002 读书能让我们知书达理, 修身养性。
Dúshū néng ràng wǒmen zhīshūdálǐ, xiūshēnyǎngxìng.

독서는 우리로 하여금 교양이 있고 사리에 밝도록 하며, 몸과 마음을 다스리게 합니다.

· 고득점 tip : 增长见识, 开括眼界 : '견문을 넓히다' 의미, point 부분 대체 사용

003 运动有利于健康, 爬山有助于减肥。
Yùndòng yǒulìyú jiànkāng, páshān yǒuzhùyú jiǎnféi.

운동은 건강에 이롭고, 등산은 다이어트에 도움이 됩니다.

· 有利于/ 有助于 : '~에 이롭다, 도움이 되다' 의미
  예) 有利于保护自然环境(자연환경보호에 이롭다),
    有助于孩子的健康成长(아이들이 건강하게 성장하는 데에 도움을 주다)

004 可以通过歌声让自己忘记烦恼的事儿, 减轻生活压力。
Kěyǐ tōngguò gēshēng ràng zìjǐ wàngjì fánnǎo de shìr, jiǎnqīng shēnghuó yālì.

노랫소리를 통해서 자신의 골치 아픈 일(고민)을 잊게 하고, 생활 스트레스를 덜어낼 수 있습니다.

· 고득점 tip : 放松心情(마음을 편하게 하다), 缓解压力(스트레스를 풀다), point 부분 대체 사용

005 不但定期订阅报纸, 而且每天收看主流媒体的每日新闻。
Búdàn dìngqī dìngyuè bàozhǐ, érqiě měitiān shōukàn zhǔliú méitǐ de měirì xīnwén.

정기적으로 신문을 구독할 뿐만 아니라, 또한 매일 주요 매체에서 일간뉴스를 시청합니다.

· 방송매체 : 新闻媒体(언론 매체), 大众媒体(대중 매체), 电视媒体(TV 미디어)

006 不知不觉中, 看报纸已经成为了我的一种生活习惯。
Bùzhībùjué zhōng, kàn bàozhǐ yǐjing chéngwéi le wǒ de yì zhǒng shēnghuó xíguàn.

어느새, 신문을 읽는 것은 이미 저의 생활습관이 되었습니다.

· 취미, 운동주제 외에도 생활, 습관 주제에도 활용 가능

007 这部电影获得了中国, 法国等很多国家电影节的奖项。
Zhè bù diànyǐng huòdé le Zhōngguó, Fǎguó děng hěn duō guójiā diànyǐngjié de jiǎngxiàng.

이 영화는 중국, 프랑스 등 많은 국가의 영화제에서 상을 받았습니다.

· 获得 : '획득하다, 얻다' 의미
  예) 获得了奖学金(장학금을 받았다), 获得了冠军(1등을 했다)
· 비슷한 단어 : 取得, 得到

008 舒服地靠在沙发上看一看自己喜欢的电视剧或综艺节目。
Shūfu de kào zài shāfā shang kàn yi kàn zìjǐ xǐhuan de diànshìjù huò zōngyì jiémù.

소파에 편안하게 기대어 자신이 좋아하는 드라마나 예능 프로그램을 봅니다.

· 형용사+地+동사 : '~히, ~하게' 의미로 앞의 형용사가 부사어 역할로 동사를 꾸며줌
· 地는 di가 아닌 de로 발음
· 예) 合理地安排作息时间(합리적으로 휴식시간을 마련하다), 坦白地说(솔직하게 말하다)

009 边喝啤酒边呐喊助威, 在愉快的气氛中释放压力。
Biān hē píjiǔ biān nàhǎnzhùwēi, zài yúkuài de qìfēn zhōng shìfàng yālì.

맥주를 마시면서 큰 소리로 응원하고, 즐거운 분위기에서 스트레스를 풉니다.

· 스포츠 경기를 관람할 때 자주 사용하는 표현

010 美术作品能使人紧张的精神得以缓解。
Měishù zuòpǐn néng shǐ rén jǐnzhāng de jīngshén déyǐ huǎnjiě.

미술작품은 긴장된 사람의 마음을 완화시킵니다.

· 使 : '~ 하게 하다' 의미로 동작이 아닌 정적인 말에만 사용
  예) 使我受益匪浅(나로 하여금 많은 이익을 얻게 하다)
      使我很受感动(나로 하여금 감동받게 하다)

练习 연습

★ 질문의 핵심 point 부분을 주의하며, 제시된 단어를 활용하여 자유롭게 대답해 봅시다.

你常常**读书**吗?
Nǐ chángcháng **dúshū** ma?

各种各样	等等	图书馆	一边~一边~	知书达理
gèzhǒnggèyàng	děngděng	túshūguǎn	yìbiān~yìbiān~	zhīshūdálǐ

你喜欢**唱歌**吗?
Nǐ xǐhuan **chànggē** ma?

喜欢	朋友	边~边~	忘记	减轻
xǐhuan	péngyou	biān~biān~	wàngjì	jiǎnqīng

你每天**看报纸**吗?
Nǐ měitiān **kàn bàozhǐ** ma?

无论	必做	订阅	收看	了解
Wúlùn	bìzuò	dìngyuè	shōukàn	liǎojiě

你对**美术**感兴趣吗?
Nǐ duì **měishù** gǎn xìngqù ma?

感兴趣	美术馆	丰富	缓解	放松
gǎn xìngqù	měishùguǎn	fēngfù	huǎnjiě	fàngsōng

平时**去什么地方运动**?
Píngshí **qù shénme dìfang yùndòng**?

公园	健身房	锻炼	有利于	释放	生活习惯
gōngyuán	jiànshēnfáng	duànliàn	yǒulìyú	shìfàng	shēnghuó xíguàn

02. 购物/消费 구매/소비

001 商品种类齐全, 物美价廉, 而且各种各样的设施也很完备。
Shāngpǐn zhǒnglèi qíquán, wùměijiàlián, érqiě gèzhǒnggèyàng de shèshī yě hěn wánbèi.

상품 종류를 완전히 갖추고 있으며, 물건이 좋고 가격이 저렴하며, 게다가 다양한 시설도 잘 완비되어 있습니다.

· 고득점 tip : 문장 끝에 단어를 나열해서 말하거나 단어를 풀어서 추가 설명
  예) 有吃的(식품) 먹을 것(식품), 用的(생활용품) 쓸 것(생활용품), 穿的(服装) 입을 것(의류),
      有停车场, 餐厅, 咖啡厅等等(주차장, 식당, 카페 등이 있음) 등

002 网上购物可以足不出户, 节省时间, 但是退换很麻烦。
Wǎngshang gòuwù kěyǐ zúbùchūhù, jiéshěng shíjiān, dànshì tuìhuán hěn máfan.

인터넷 쇼핑은 집 밖으로 나가지 않아도 되며, 시간을 절약할 수 있지만, 그러나 환불은 매우 번거롭습니다.

· 대체표현 : 不用出门(집을 나설 필요 없다), 送货到家(집까지 배달해주다),
           省时省力(시간과 힘을 절약하다)

003 信用卡是一种便捷的支付方式, 而且还很安全。
Xìnyòngkǎ shì yì zhǒng biànjié de zhīfù fāngshì, érqiě hái hěn ānquán.

신용카드는 편리한 지불 방식이고, 게다가 매우 안전합니다.

· 방법 및 형태 : 购物方式(구매 방식), 工作方式(일의 방식), 交通方式(교통 방식),
              交友方式(친구를 사귀는 방식)

004 分期付款可以提前消费, 以后慢慢儿还钱。
Fēnqī fùkuǎn kěyǐ tíqián xiāofèi, yǐhòu mànmānr huánqián.

할부는 앞당겨(미리) 소비할 수 있고, 나중에 천천히 돈을 갚아도 됩니다.

· 提前 : 예정된 시간이나 기한을 앞당길 때 사용
  예) 提前见面(앞당겨 만나다), 提前出发(앞당겨 출발하다), 提前做好准备(미리 잘 준비하다)

005 容易导致盲目消费, 冲动购物。
Róngyì dǎozhì mángmù xiāofèi, chōngdòng gòuwù.

무분별한 소비, 충동구매를 초래하기 쉽습니다.

· 导致 : 주로 좋지 않은 결과를 표현할 때 사용
  예) 导致肥胖(비만을 초래하다), 导致环境污染(환경오염을 초래하다),
      导致交通堵塞(교통체증을 초래하다), 导致各种疾病发生(각종 질병 발생을 초래하다)

02. 购物/消费 구매/소비

006

俗话说，一分钱一分货。质量好的商品不容易出问题。

Súhuà shuō, yìfēn qián yìfēn huò. Zhìliàng hǎo de shāngpǐn bù róngyì chū wèntí.

속담에서 말하길, 싼 게 비지떡이다. 품질이 좋은 상품은 문제가 쉽게 생기지 않습니다.

· 고득점 tip : 便宜没好货(저렴한 것은 좋은 물건이 없다), 好货不便宜(좋은 물건은 저렴하지 않다) point 부분 대체 사용

007

流行的款式很容易过时，过一年就不吃香了。

Liúxíng de kuǎnshì hěn róngyì guòshí, guò yì nián jiù bù chīxiāng le.

유행하는 스타일은 시대에 뒤떨어지기(유행이 지나기) 쉬우므로, 1년이 지나면 인기가 없어집니다.

· 吃香 : '인기가 있다' 의미
  예) 名牌很吃香(명품은 매우 인기가 있다), 有能力的人很吃香(능력이 있는 사람은 매우 인기가 있다), 外貌出众的人很吃香(외모가 출중한 사람은 매우 인기가 있다)

008

二手商品既优惠实用，又节能环保。

Èrshǒu shāngpǐn jì yōuhuì shíyòng, yòu jiénéng huánbǎo.

중고 상품은 실용적이면서, 에너지를 절약하고 환경보호를 합니다.

· 二手 의미1 : '중고' 예) 二手商店(중고샵), 二手车(중고차)
  의미2 : '간접적이다' 예) 二手烟(간접 흡연)

009

质量不能够保证，你不可以享受良好的售后服务。

Zhìliàng bù nénggòu bǎozhèng, nǐ bù kěyǐ xiǎngshòu liánghǎo de shòuhòu fúwù.

품질은 보장할 수 없으며, 당신은 좋은 A/S서비스를 받을 수 없습니다.

· 服务 호응 단어 : 예) 上门服务(방문 서비스), 服务周到(철저한 서비스), 服务态度(서비스 태도)

010

对消费者而言，通过广告可以很快地了解产品的款式和性能。

Duì xiāofèizhě éryán, tōngguò guǎnggào kěyǐ hěn kuài de liǎojiě chǎnpǐn de kuǎnshì hé xìngnéng.

소비자들에게 있어서는, 광고를 통해 제품의 디자인과 성능을 매우 빠르게 이해할 수 있습니다.

· 对/就 ~ 来说/而言 : '~에게 있어서' 의미로 어떤 관점에서 의견을 표현할 때 사용
  예) 对年轻人来说(젊은이들에게 있어서), 对女人而言(여자들에게 있어서), 就国家而言(국가에 있어서)

练习 연습

★ 질문의 핵심 point 부분을 주의하며, 제시된 단어를 활용하여 자유롭게 대답해 봅시다.

信用卡和现金，你喜欢用什么?
Xìnyòngkǎ hé xiànjīn, nǐ xǐhuan yòng shénme?

便捷	安全	分期付款	提前	导致
biànjié	ānquán	fēnqī fùkuǎn	tíqián	dǎozhì

二手货的优点和缺点是什么?
Èrshǒuhuò de yōudiǎn hé quēdiǎn shì shénme?

买过	便宜	实用	环保	保证
mǎi guo	piányi	shíyòng	huánbǎo	bǎozhèng

你常上网买东西吗?
Nǐ cháng shàngwǎng mǎi dōngxi ma?

上网	物美价廉	足不出户	节省	退换
shàngwǎng	wùměijiàlián	zúbùchūhù	jiéshěng	tuìhuàn

你常常去超市吗?
Nǐ chángcháng qù chāoshì ma?

种类	有	设施	方便
zhǒnglèi	yǒu	shèshī	fāngbiàn

质量和款式哪个重要?
zhìliàng hé kuǎnshì nǎge zhòngyào?

对~而言	俗话说	出问题	过时	吃香
duì ~éryán	súhuà shuō	chū wèntí	guòshí	chīxiāng

제4부분 02. 购物/消费 구매/소비

03. 公司/业务 회사/업무

001 虽然竞争很激烈，但是福利待遇很好。
Suīrán jìngzhēng hěn jīliè, dànshì fúlì dàiyù hěn hǎo.

비록 경쟁은 매우 치열하지만, 그러나 복지혜택은 매우 좋습니다.

· 福利待遇 호응 단어 : 예) 改善福利待遇(복지혜택을 개선하다),
  提高福利待遇(복지혜택을 향상시키다), 享受福利待遇(복지혜택을 누리다)

002 对我而言，满意的工作没有固定的标准。
Duì wǒ éryán, mǎnyì de gōngzuò méiyǒu gùdìng de biāozhǔn.

저에게 있어서, 만족스러운 일에는 고정된(일정한) 기준이 없습니다.

· 固定 + 工资/报酬/存款/时间(고정된+월급/보수/예금/시간)

003 我做这个工作是因为喜欢，至于报酬，我不在乎。
Wǒ zuò zhège gōngzuò shì yīnwèi xǐhuan, zhìyú bàochou, wǒ bú zàihu.

제가 이 일을 하는 것은 좋아하기 때문이며, 보수에 관해서는, 저는 신경쓰지 않습니다.

· 不在乎 : 예) 一点儿都不在乎(조금도 신경쓰지 않는다), 从不在乎(전혀 개의치 않다),
  满不在乎(조금도 마음에 두지 않는다)

004 业余时间聚在一起 "侃大山", 或者参加各种文体活动。
Yèyú shíjiān jù zài yìqǐ "kǎn dàshān", huòzhě cānjiā gèzhǒng wéntǐ huódòng.

여가시간에 함께 모여서 놀거나, 혹은 각종 문화 체육 활동에 참가합니다.

· 동사+在一起 : '~에 함께 ~하다' 의미,
  예) 放在一起(함께 놓다), 坐在一起(함께 앉다), 住在一起(함께 살다), 生活在一起(함께 생활하다)

005 光靠一个人的力量是不够的，我们要取长补短。
Guāng kào yí ge rén de lìliàng shì búgòu de, wǒmen yào qǔ chángbǔduǎn.

한 사람의 힘만으로는 부족하므로, 저희는 장점을 취하여 단점을 보완해야 합니다.

· 협력과 관련된 표현 :
  人多力量大(사람이 많을수록 힘이 커진다)
  三个臭皮匠,胜过诸葛亮(여러 사람이 지혜를 모으면 좋은 방법을 생각해 낼 수 있다)
  天时不如地利,地利不如人和
  (하늘이 주는 이로움은 땅이 주는 이로움만 못하고, 땅이 주는 이로움은 사람이 화(和)함만 못하다)

006 加强沟通, 促进交流, 这样的话工作起来就会事半功倍。
Jiāqiáng gōutōng, cùjìn jiāoliú, zhèyàng dehuà gōngzuò qǐlái jiù huì shìbàngōngbèi.

의사소통을 강화하고, 교류를 촉진한다면, 일함에 있어서 적은 노력으로 많은 효과를 거둘 수 있습니다.

· 起来 : 방향보어
예) 拿起来(들어올리다), 想起来(생각이 나다), 看起来(보기에), 哭起来(울기 시작하다)

007 职场之中, 和同事相处, 交流与沟通必不可少。
Zhíchǎng zhī zhōng, hé tóngshì xiāngchù, jiāoliú yǔ gōutōng bìbùkěshǎo.

직장에서는, 동료와의 교제, 교류와 소통은 없어서는 안됩니다. (반드시 필요합니다)

· 관련된 표현 : 缺一不可(하나라도 없어서는 안 된다), 可有可无(있어도 되고 없어도 된다)

008 一般不聊关于个人薪酬, 私人生活或者贬低老板等话题。
Yìbān bù liáo guānyú gèrén xīnchóu, sīrén shēnghuó huòzhě biǎndī lǎobǎn děng huàtí.

일반적으로 개인 급여, 사생활, 혹은 사장 폄하 등의 화제(이슈)는 말하지 않습니다.

· 话题 : 예) 热门话题(핫이슈), 旅行、家庭、子女等话题(여행, 가정, 자녀 등의 화제)

009 发生矛盾是难免的事儿, 我认为处理好同事间的关系很重要。
Fāshēng máodùn shì nánmiǎn de shìr, wǒ rènwéi chǔlǐ hǎo tóngshì jiān de guānxi hěn zhòngyào.

갈등이 발생하는 것은 불가피한 일이며, 저는 동료간의 관계를 잘 해결하는 것은 매우 중요하다고 생각합니다.

· 관련 표현 : 在所难免(피할 수 없다)
· 반대 표현 : 可以避免(피할 수 있다)

010 积极主动(地)做自我反省, 找出合适的解决方式。
Jījí zhǔdòng (de) zuò zìwǒ fǎnxǐng, zhǎo chū héshì de jiějué fāngshì.

적극적으로 자기반성하여, 적절한 해결방식을 찾아냅니다.

· 积极主动 호응 단어 : 예) 积极主动发言(적극적인 발언), 积极主动参与(적극적인 참가)

练习 연습

⭐ 질문의 핵심 point 부분을 주의하며, 제시된 단어를 활용하여 자유롭게 대답해 봅시다.

你对自己的工作满意吗?
Nǐ duì zìjǐ de gōngzuò mǎnyì ma?

而言	标准	喜欢	激烈	福利待遇
éryán	biāozhǔn	xǐhuan	jīliè	fúlì dàiyù

你和同事聊天儿的时候，一般聊什么话题?
Nǐ hé tóngshì liáotiānr de shíhou, yìbān liáo shénme huàtí?

相处	必不可少	聊	不聊	保持
xiāngchǔ	bìbùkěshǎo	liáo	bù liáo	bǎochí

工作的时候,跟其他人合作多吗?
Gōngzuò de shíhou, gēn qítārén hézuò duō ma?

俗话说	不够	取长补短	交流	事半功倍
súhuà shuō	búgòu	qǔchángbǔduǎn	jiāoliú	shìbàngōngbèi

如果和上司产生矛盾，你怎么办?
Rúguǒ hé shàngsī chǎnshēng máodùn, nǐ zěnme bàn?

职场	难免	处理	积极主动	找出
zhíchǎng	nánmiǎn	chǔlǐ	jījí zhǔdòng	zhǎo chū

你们部门的气氛怎么样?
Nǐmen bùmén de qìfēn zěnmeyàng?

融洽	关系	努力	侃大山	参加
róngqià	guānxi	nǔlì	kǎn dàshān	cānjiā

04. 家庭/生活 가정/생활

001 尽量抽出自己的空闲时间，参加同学聚会。
Jǐnliàng chōuchū zìjǐ de kòngxián shíjiān, cānjiā tóngxué jùhuì.

최대한 자신의 여가 시간을 내어, 동창 모임에 참석합니다.

· 参加 호응 단어 : 예) 参加婚礼(결혼식에 참석하다), 参加比赛(경기/시합에 참석하다),
　　　　　　　　　参加会议(회의에 참석하다), 参加宴会(연회에 참석하다)

002 这样能增进我们的感情，保持人际关系。
Zhèyàng néng zēngjìn wǒmen de gǎnqíng, bǎochí rénjìguānxi.

이렇게 하면 우리의 감정을 증진시킬 수 있고, 인간관계를 유지할 수 있습니다.

· 增进 : 예) 增进身心健康(심신의 건강을 증진하다), 增进相互理解(상호 이해를 증진하다)

003 不同的人，会有不同的幸福标准。
Bùtóng de rén, huì yǒu bùtóng de xìngfú biāozhǔn.

사람에 따라, 행복의 기준이 다를 수 있습니다.

· 5부분에서 자주 사용되는 비슷한 표현 : 对这个问题(이 문제에 관해서는),
　　　　　　　　　　　　　　　　　　仁者见仁, 智者见智(모든사람의 관점이 다르다)

004 看着父母健康，孩子快乐，爱人平安，就是无言的幸福。
Kàn zhe fùmǔ jiànkāng, háizi kuàile, àirén píng'ān, jiù shì wúyán de xìngfú.

부모의 건강, 아이의 즐거움, 배우자의 평안을 보는 것은, 말할 수 없는 행복입니다.

· 고득점 tip : 只要彼此在身边(서로 곁에 있기만 하면), 彼此陪伴(서로 함께 해주면)
　　　　　　　point 부분 대체 사용

005 遇到困难时，首先想到的就是家人。
Yùdào kùnnán shí, shǒuxiān xiǎng dào de jiù shì jiārén.

어려운 일을 만났을 때, 가장 먼저 생각나는 것은 바로 가족입니다.

· 동사+到 : 동작의 목적 도달 혹은 결과가 생김을 나타냄(결과 보어)
　예) 看到(보이다), 听到(들리다), 吃到(먹어보다), 碰到(맞닥뜨리다)

04. 家庭/生活 가정/생활

006 多听听他们的忠告，三思而后行，不马上做决定。
Duō tīngting tāmen de zhōnggào, sānsī'érhòuxíng, bù mǎshàng zuò juédìng.

그들의 충고를 많이 듣고, 심사숙고한 후에 행동하고, 바로 결정을 내리지 마세요.

- 三思而后行 : 일처리가 신중함을 묘사
- 三思而后行 = 三思而行 = 多想想, 多考虑考虑(많이 생각하고, 많이 고려하다)

007 大部分家务还是由太太做，每天做饭，照顾丈夫和孩子。
Dàbùfen jiāwù háishi yóu tàitai zuò, měitiān zuòfàn, zhàogù zhàngfu hé háizi.

대부분의 집안일은 여전히 부인이(에 의해) 합니다, 매일 요리하고, 남편과 자식을 돌봅니다.

- 由 : 동작의 주체를 이끌어 낼 때 사용(행위자 제시)
  예) 由我负责打扫房间(내가 책임지고 방청소를 하다), 由旅行社安排日程(여행사에서 일정을 짜다)

008 夫妻共同分担家务才能家庭合睦，俗话说，"家和万事兴"。
Fūqī gòngtóng fēndān jiāwù cái néng jiātíng hémù, súhuà shuō, "jiā hé wànshì xīng".

부부가 함께 가사를 분담해야 가정이 화목합니다, 속담에서는 "집과 만사가 흥하다"고 말합니다.

- 分担 : 예) 分担家人的烦恼(가족의 고민을 나누다), 分担费用(AA制)(비용을 분담하다, 더치페이)

009 随着生活条件的改善，下馆子已经是司空见惯的事情了。
Suízhe shēnghuó tiáojiàn de gǎishàn, xià guǎnzi yǐjing shì sīkōngjiànguàn de shìqing le.

생활 여건이 개선됨에 따라, 외식하는 것은 이미 흔한 일이 되었습니다.

- 随着+/발전/변화/개선, 결과 : '~함에 따라' 의미(5부분에서 자주 사용되는 표현)
  예) 随着互联网的普及使用(인터넷 사용이 보급됨에 따라)
- 司空见惯 : '자주 봐서 습관이 되어 이상하지 않음'의미
- 관련 표현 : 家常便饭(다반사), 习以为常(습관이 되다), 不足为奇(이상하지 않다, 신기하지 않다)

010 不仅省去了自己做饭的步骤，还能吃到很美味的食物。
Bùjǐn shěngqù le zìjǐ zuòfàn de bùzhòu, hái néng chī dào hěn měiwèi de shíwù.

스스로 요리하는 절차를 생략했을 뿐 아니라, 매우 맛있는 음식도 먹을 수 있습니다.

- 관련 표현 : 省去了麻烦(번거로움을 덜었다), 省去了时间(시간을 절약했다)
  省时省力(시간과 힘을 절약하다), 节省时间(시간을 절약하다)

练习 연습

⭐ 질문의 핵심 point 부분을 주의하며, 제시된 단어를 활용하여 자유롭게 대답해 봅시다.

你常常参加同学聚会吗?
Nǐ chángcháng cānjiā tóngxué jùhuì ma?

忙	抽出	参加	增进	保持
máng	chōuchū	cānjiā	zēngjìn	bǎochí

你觉得现在你很幸福吗?
Nǐ juéde xiànzài nǐ hěn xìngfú ma?

不同	标准	而言	看着	幸福
bùtóng	biāozhǔn	éryán	kàn zhe	xìngfú

遇到困难的事,你最先想起谁?
Yùdào kùnnán de shì, nǐ zuì xiān xiǎng qǐ shéi?

遇到	想起	忠告	决定	帮助
yùdào	xiǎng qǐ	zhōnggào	juédìng	bāngzhù

你家人喜欢去外边吃饭吗?
Nǐ jiārén xǐhuan qù wàibian chīfàn ma?

随着	下馆子	做饭	吃到	贵
suízhe	xià guǎnzi	zuòfàn	chī dào	guì

在你们家怎么分担家务?
Zài nǐmen jiā zěnme fēndān jiāwù?

由	照顾	打扫	分担	俗话说
yóu	zhàogù	dǎsǎo	fēndān	súhuà shuō

제4부분 04. 家庭/生活 가정/생활

05. 性格/习惯 성격/습관

001 喜欢交朋友, 爱开玩笑。
Xǐhuan jiāo péngyou, ài kāiwánxiào.

친구를 사귀는 것을 좋아하고, 농담하기를 좋아합니다.

- 의미1 : '좋아하다', '애호하다'
  예) 爱吃海鲜(해산물 먹는 것을 좋아하다), 爱不释手(너무 좋아 차마 손을 떼지못하다)
- 의미2 : (어떠한 행동 혹은 변화가) 자주 쉽게 발생될 때 사용
  예) 爱发脾气(화를 자주 내다), 爱出风头(나서기를 좋아하다, 자주 나선다)

002 是一个性格外向, 大大方方的人。
Shì yí ge xìnggé wàixiàng, dàdàfāngfāng de rén.

성격이 외향적이고, 대범한 (한 명의) 사람입니다.

- 是一个 ~ 的人 : 사람을 설명할 때 자주 사용되는 표현 방식
  예) 性格内向(성격이 내향적이다), 平易近人(붙임성이 좋다), 诚实(성실하다),
      开朗(쾌활하다), 有主见(주관이 있다)

003 长得(跟爸爸一样)胖乎乎的, 笑起来真可爱。
Zhǎng de (gēn bàba yíyàng) pànghūhū de, xiào qǐlái zhēn kě'ài.

(아빠랑 똑같이) 포동포동하게 생겨서, 웃으면 정말 귀엽습니다.

- 胖乎乎的 : 포동포동한 외모 묘사를 표현할 때
- 형용사 중첩 +的 : 앞에 很, 非常 등 정도부사 사용하지 않음
  예) 个子高高的(키가 크다), 头发短短的(머리카락이 짧다), 皮肤白白的(피부가 하얗다),
      眼睛大大的(눈이 크다)

004 容易害羞, 喜欢一个人呆着, 不喜欢和陌生人打交道。
Róngyì hàixiū, xǐhuan yí ge rén dāi zhe, bù xǐhuan hé mòshēng rén dǎjiāodao.

수줍음을 잘 타고, 혼자 있는 것을 좋아하며, 낯선 사람을 사귀는 것을 좋아하지 않습니다.

- 打交道 : 예) 和各种各样的人打交道(각양각색의 사람들과 교제하다),
             跟电子产品打交道(전자제품을 다루다)

005 喜欢安静的环境, 在吵闹的地方不能专心工作。
Xǐhuan ānjìng de huánjìng, zài chǎonào de dìfang bù néng zhuānxīn gōngzuò.

조용한 환경을 좋아하며, 시끄러운 곳에서는 일에 전념할 수 없습니다.

- 관련 표현 : 集中精力工作(일에 집중하다), 提高工作效率(일의 효율을 향상시키다)

006

一日之计在于晨, 让我们早睡早起, **贵在**坚持。

Yírì zhī jì zàiyú chén, ràng wǒmen zǎoshuì zǎoqǐ, **guì zài** jiānchí.

하루의 계획은 새벽에 달려있습니다, 일찍 자고 일찍 일어나는 것을 지속하는 것이 중요합니다.

- 형용사+在~ : 重在参与(참가에 의의가 있다), 难在汉字(한자가 어렵다)
- 관련 성어 표현 : 事在人为(일의 성공 여부는 사람 노력에 달려 있다),
  势在必行(피할 수 없는 추세이다)

007

快餐的**营养价值**很低, 而且经常吃快餐会导致肥胖。

Kuàicān de **yíngyǎng jiàzhí** hěn dī, érqiě jīngcháng chī kuàicān huì dǎozhì féipàng.

패스트푸드는 영양가가 매우 낮으며, 게다가 패스트푸드를 자주 먹으면 비만을 초래할 수 있습니다.

- 관련 표현 : 营养很丰富(영양이 매우 풍부하다), 含有维生素(비타민이 함유되어 있다),
  促进新陈代谢, 提高免疫力(신진대사를 촉진하고, 면역력을 향상시키다)

008

不要因为忙而忽略了吃饭时间, 尽量保证**按时吃一日三餐**。

Búyào yīnwèi máng ér hūlüè le chīfàn shíjiān, jǐnliàng bǎozhèng **ànshí chī yí rì sān cān**.

바쁘다고 식사 시간을 소홀히 하지 말고, 가능한 한 제때에 하루 세 끼 식사를 확실히 챙기세요.

- 관련 표현 : 食物种类多样(음식 종류가 다양하다), 饮食均衡(균형잡힌 식사),
  搭配合理(합리적인 조합, 배합)

009

抓住空余时间让自己精神得到放松, **定期**去做户外运动。

Zhuāzhù kòngyú shíjiān ràng zìjǐ jīngshén dédào fàngsōng, **dìngqī** qù zuò hùwài yùndòng.

여가 시간을 통해 자신의 정신을 편안하게 하며, 정기적으로 야외 운동을 합니다.

- 定期 호응 단어 : 定期体检(정기검진), 定期培训(정기교육)

010

随着生活节奏的改变, 睡眠**不足**已经**成为**了上班族的通病。

Suízhe shēnghuó jiézòu de gǎibiàn, shuìmián **bùzú** yǐjing **chéngwéi** le shàngbānzú de tōngbìng.

생활 방식과 리듬이 바뀌면서, 수면 부족은 이미 직장인들의 폐단(고질병)이 되었습니다.

- 不足 호응 단어 : 예) 经验不足(경험 부족), 劳动力不足(노동력 부족), 营养不足(영양 부족)
- 成为 : '~가 되다' 의미, 变成, 变为, 成으로 바꿔 사용할 수 있음

练习 연습

⭐ 질문의 핵심 point 부분을 주의하며, 제시된 단어를 활용하여 자유롭게 대답해 봅시다.

你一般吃早饭吗？
Nǐ yìbān chī zǎofàn ma?

忙	忽略	按时	集中	健康
máng	hūlüè	ànshí	jízhōng	jiànkāng

介绍童年时印象深刻的朋友。
Jièshào tóngnián shí yìnxiàng shēnkè de péngyou.

有	喜欢	爱	长得	可爱
yǒu	xǐhuan	ài	zhǎng de	kě'ài

你是一个容易害羞，感到不好意思的人吗？
Nǐ shì yí ge róngyì hàixiū, gǎndào bùhǎoyìsi de rén ma?

性格	害羞	呆	打交道	安静
xìnggé	hàixiū	dāi	dǎjiāodao	ānjìng

年轻人经常吃快餐，你怎么看？
Niánqīngrén jīngcháng chī kuàicān, nǐ zěnme kàn?

随着	受欢迎	快捷	节省	导致
Suízhe	shòu huānyíng	kuàijié	jiéshěng	dǎozhì

作为上班族，你怎么保持健康？
Zuòwéi shàngbānzú, nǐ zěnme bǎochí jiànkāng?

有规律	早睡早起	保证	放松	定期
yǒu guīlǜ	zǎoshuì zǎoqǐ	bǎozhèng	fàngsōng	dìngqī

06. 居住交通 거주/교통

001 距离市区远近适中, 公共设施齐全, 而且交通比较便利。
Jùlí shìqū yuǎnjìn shìzhōng, gōnggòng shèshī qíquán, érqiě jiāotōng bǐjiào biànlì.

시내와의 거리가 적당하고, 공공 시설이 잘 갖추어져 있고, 게다가 교통이 비교적 편리합니다.

· 适中 호응 단어 : 예) 价格适中(가격이 적당하다), 气候适中(기후가 적당하다), 位置适中(위치가 적당하다)

002 自然环境上, 不仅山青水绿, 而且空气也很新鲜。
Zìrán huánjìng shang, bùjǐn shānqīng shuǐlǜ, érqiě kōngqì yě hěn xīnxiān.

자연환경에서는 산이 푸르고 물이 맑을 뿐 아니라, 게다가 공기도 매우 신선합니다.

· ~上 : 어떠한 방면, 상황등의 범위를 가리킬 때 사용
예) 经济上(경제에서), 生活上(생활에서), 学习上(학습에서), 教育环境上(교육 환경에서)

003 最普遍的交通方式应该算是地铁了, 路线很多, 四通八达。
Zuì pǔbiàn de jiāotōng fāngshì yīnggāi suànshì dìtiě le, lùxiàn hěn duō, sìtōngbādá.

가장 보편적인 교통 방식은 아마도 지하철이라고 할 수 있습니다, 노선이 매우 많고, 사방으로 통합니다. (교통이 매우 편리합니다)

· 普遍 : 예) 这种现象很普遍(이 현상은 매우 보편적입니다), 普遍感兴趣的问题(보편적으로 흥미를 느끼는 문제)

004 容易发生交通事故, 这样的后果是很惨重的。
Róngyì fāshēng jiāotōng shìgù, zhèyàng de hòuguǒ shì hěn cǎnzhòng de.

교통사고가 발생하기 쉬우며, 이러한 결과는 매우 참혹합니다.

· 관련 표현 : 酿成车祸(차 사고를 내다), 防止交通事故(교통사고를 방지하다), 避免交通事故(교통사고를 피하다)

005 大家要遵守交通规则, 以免发生危险。
Dàjiā yào zūnshǒu jiāotōng guīzé, yǐmiǎn fāshēng wēixiǎn.

여러분은 위험이 발생하지 않도록, 교통 규칙을 준수해야 합니다.

· 遵守 : 엄격하게 규정에 따르며 위반하지 않는 것을 표현할 때
예) 遵守公司规定(회사 규정을 준수하다), 遵守时间(시간을 준수하다)
· 以免 : 원치 않은 일이 생기는 것을 방지함을 표현할 때
예) 以免损害健康(건강을 해치지 않도록), 以免后悔(후회하지 않도록)

06. 居住交通 거주/교통

006
一定要系安全带，不酒驾，不超速，安全很重要。
Yídìng yào jì ānquándài, bù jiǔjià, bù chāosù, ānquán hěn zhòngyào.

> 안전은 매우 중요하니 반드시 안전벨트를 매고, 음주운전하지 않으며, 과속하지 않아야 합니다.

·관련 표현 : 酒后驾驶(음주운전 하다), 吊销驾照(운전면허가 취소되다),
  从重处罚(엄하게 처벌하다, 중징계)

007
大城市生活费用、房价高昂，一般工薪族买不起自己的住房。
Dàchéngshì shēnghuó fèiyòng, fángjià gāo'áng, yìbān gōngxīnzú mǎi bu qǐ zìjǐ de zhùfáng.

> 대도시는 생활 비용과, 집값이 비싸서, 일반 월급쟁이들은 자신의 집을 살 수 없습니다.

·동사+不起 : 가능보어
  예) 看不起(깔보다), 吃不起((경제적으로 부족하여) 먹을 수 없다),
  负担不起(부담되기 시작하다), 提不起精神(기운이 없다)

008
大城市就业机会比较多，并且生活、商业、教育设施齐全。
Dàchéngshì jiùyè jīhuì bǐjiào duō, bìngqiě shēnghuó, shāngyè, jiàoyù shèshī qíquán.

> 대도시는 취업 기회가 비교적 많고, 게다가 생활, 상업, 교육시설이 잘 갖춰져 있습니다.

·관련 표현 : 失业(실업), 创业(창업), 解决就业问题(취업 문제를 해결하다),
  减轻就业压力(취업 스트레스를 덜어내다),
  招聘临时工(非正式职员)(임시직/비정규직을 채용하다)

009
随着社会的不断发展，汽车已经成了现今的一种生活方式。
Suízhe shèhuì de búduàn fāzhǎn, qìchē yǐjing chéng le xiànjīn de yì zhǒng shēnghuó fāngshì.

> 사회의 끊임없는 발전에 따라, 자동차는 이미 오늘날 하나의 생활 방식이 되었습니다.

·不断 호응 단어 : 예) 不断努力(끊임없이 노력하다), 不断进步(끊임없이 진보하다),
  不断增加(끊임없이 증가하다), 不断减少(끊임없이 감소하다)

010
私家车的普及也给环境带来了严重的后果。
Sījiāchē de pǔjí yě gěi huánjìng dàilái le yánzhòng de hòuguǒ.

> 자가용의 보급도 환경에 심각한 결과를 초래하였습니다.

·普及 : 널리 퍼져서 대중화 시킴을 표현할 때
  예) 互联网的普及(인터넷의 보급), 逐渐普及(점차 보급되다)

练习 연습

★ 질문의 핵심 point 부분을 주의하며, 제시된 단어를 활용하여 자유롭게 대답해 봅시다.

你家附近有什么公共设施？
Nǐ jiā fùjìn yǒu shénme gōnggòng shèshī?

住在	适中	齐全	有	便利
zhù zài	shìzhōng	qíquán	yǒu	biànlì

你遵守交通规则吗？
Nǐ zūnshǒu jiāotōng guīzé ma?

遵守	开车	安全	以免
zūnshǒu	kāichē	ānquán	yǐmiǎn

你喜欢坐地铁还是坐公共汽车？
Nǐ xǐhuan zuò dìtiě háishi zuò gōnggòngqìchē?

高峰	堵车	普遍	四通八达	迟到
gāofēng	dǔchē	pǔbiàn	sìtōngbādá	chídào

最近私家车越来越多，你对这种现象怎么看？
Zuìjìn sījiāchē yuèláiyuè duō, nǐ duì zhèzhǒng xiànxiàng zěnme kàn?

随着	成了	导致	带来	污染
suízhe	chéng le	dǎozhì	dàilái	wūrǎn

城市人口越来越多，说一下喜欢住在城市的原因。
Chéngshì rénkǒu yuèláiyuè duō, shuō yíxià xǐhuan zhù zài chéngshì de yuányīn.

设施	教育	就业	高昂	负担
shèshī	jiàoyù	jiùyè	gāo'áng	fùdān

제4부분 06. 居住交通 거주/교통

07. 旅行/天气　여행/날씨

001 北京是历代六朝的都城, 有三千多年的悠久历史。
Běijīng shì lìdài liùcháo de dūchéng, yǒu sānqiān duō nián de yōujiǔ lìshǐ.

북경은 역대 육조의 수도로, 삼천여 년의 유구한 역사를 가지고 있습니다.

· 都城 : 예) 首尔是韩国的首都, 历史很悠久(서울은 한국의 수도이며, 역사가 매우 유구합니다)

002 可以品尝各地不同风味的小吃, 真是一举两得。
Kěyǐ pǐncháng gèdì bùtóng fēngwèi de xiǎochī, zhēn shì yìjǔ liǎngdé.

각 지역의 다른 특색 있는 간식을 맛볼 수 있기에, 정말로 일거양득입니다.

· 一举两得 : 한가지 일로 두가지 이익을 얻거나 목적을 달성을 표현할 때
　고득점 tip : 一石二鸟(한 개의 돌을 던져 두 마리의 새를 맞추어 떨어뜨린다)
　　　　　　 一箭双雕(한 번 쏴서 두 마리 독수리 잡다) point 부분 대체 사용

003 到世界各地旅游, 领略各地的风土人情。
Dào shìjiè gèdì lǚyóu, lǐnglüè gèdì de fēngtǔrénqíng.

세계 각지를 여행하면서, 각지의 특색과 풍습을 느낍니다.

· 领略 : 예) 领略大自然的壮美(대자연의 웅장하고 아름다움을 느끼다),
　　　　　 领略人生的甘苦(인생의 달고 쓴 맛을 느끼다)

004 海外旅行很有魅力, 在国内是体会不到的。
Hǎiwài lǚxíng hěn yǒu mèilì, zài guónèi shì tǐhuì bú dào de.

해외여행은 매우 매력 있으며, 국내에서는 체득할 수 없습니다.

· 体会 : '체험하여 (이치와 경험을)터득하다, 깨닫다' 의미
　예) 体会生活的意义(생활의 의의를 깨닫다), 体会人生(인생을 터득하다),
　　　体会到生活的乐趣(생활의 즐거움을 터득하다, 느끼다)

005 可以练习外语, 给自己一个实际锻炼的机会。
Kěyǐ liànxí wàiyǔ, gěi zìjǐ yí ge shíjì duànliàn de jīhuì.

외국어를 연습할 수 있으며, 자신에게 실제로 단련의 기회를 줄 수 있습니다.

· 锻炼 호응 단어 : 锻炼意志(의지를 단련하다), 缺乏锻炼(운동 부족), 锻炼自己(자신을 단련하다)

006 明洞是著名的商业区，在这儿可以体验韩国的传统文化。
Míngdòng shì zhùmíng de shāngyèqū, zài zhèr kěyǐ tǐyàn Hánguó de chuántǒng wénhuà.

명동은 한국의 전통문화를 체험할 수 있는 유명한 상업지구이며, 여기서는 한국의 전통문화를 체험할 수 있습니다.

- 体验 : 몸소 느끼면서 어떠한 것에 대해 알게 될 때 사용
  예) 体验国外生活(외국 생활을 체험하다), 亲身体验(몸소 체험하다)

007 春秋两季气温适中，春暖花开，秋高气爽，非常适合旅游。
Chūnqiū liǎng jì qìwēn shìzhōng, chūnnuǎnhuākāi, qiūgāoqìshuǎng, fēicháng shìhé lǚyóu.

봄가을 두 계절은 기온이 적당합니다, 봄은 따뜻하고 꽃이 피며, 가을은 (하늘이) 높고 날씨는 시원하여, 여행하기 매우 적합합니다.

- 适合, 合适 : '적합하다', '알맞다' 의미
- 适合(동사) : 목적어 추가 가능
  예) 很适合居住(거주하기 매우 적당하다), 找一个适合自己的工作(자신에게 적합한 일을 찾다)
- 合适(형용사) : 목적어 추가 불가
  예) 这件衣服很合适(이 옷은 매우 잘 어울립니다), 大小正合适(사이즈가 딱 알맞습니다)

008 读万卷书，行万里路能让你成为见多识广的人。
Dúwànjuànshū, xíngwànlǐlù néng ràng nǐ chéngwéi jiàn duōshíguǎng de rén.

만 권의 책을 읽는 것과, 만리 길을 걷는 것은 당신을 견문이 넓은 사람으로 만들 수 있습니다.

- 고득점 tip : 读万卷书, 行万里路(만권의 책을 읽고, 만리길을 걷는다)
  读万卷书不如行万里路(만권의 책을 읽는 것보다 만리의 길을 걷는 것이 낫다, 경험 강조)

009 自由行不受拘束，行程由自己安排，想去哪儿就去哪儿。
Zìyóuxíng búshòu jūshù, xíngchéng yóu zìjǐ ānpái, xiǎng qù nǎr jiù qù nǎr.

자유여행은 매우 자유롭고, 구속 받지 않습니다, 일정은 자신이 짜고, 가고 싶은 곳은 어디든지 갑니다.

- 拘束 의미1 : (남의 언행을)구속하다 예) 不要太拘束学生(학생을 너무 구속하지 말아라)
  의미2 : 어색하다, 자연스럽지 않다 예) 在陌生人面前很拘束(낯선이 앞에서 너무 어색하다)

010 语言不通的话，交流起来很不方便。
Yǔyán bùtōng dehuà, jiāoliú qǐlái hěn bù fāngbiàn.

말이 통하지 않으면, 교류하기가 매우 불편합니다.

- 交流 호응 단어 : 예) 交流经验(경험을 교류하다), 交流感情(감정을 교류하다),
  文化交流(문화를 교류하다), 加强交流(교류를 강화하다)

练习 연습

★ 질문의 핵심 point 부분을 주의하며, 제시된 단어를 활용하여 자유롭게 대답해 봅시다.

如果**外国客户**来，你带他去哪些**景区游览**？
Rúguǒ wàiguó kèhù lái, nǐ dài tā qù nǎxiē jǐngqū yóulǎn?

首都	名胜古迹	著名	体验	品尝
shǒudū	míngshènggǔjì	zhùmíng	tǐyàn	pǐncháng

这次夏天**休假**，你打算去哪儿**旅行**？
Zhècì xiàtiān xiūjià, nǐ dǎsuàn qù nǎr lǚxíng?

旅游	感兴趣	都城	悠久	领略
lǚyóu	gǎn xìngqù	dūchéng	yōujiǔ	lǐnglüè

四季中，什么**季节**喜欢去**旅行**？
Sì jì zhōng, shénme jìjié xǐhuan qù lǚxíng?

喜欢	适中	春(天)	秋(天)	适合
xǐhuan	shìzhōng	chūn(tiān)	qiū(tiān)	shìhé

团体旅行和**个人旅行**哪个更好？
Tuántǐ lǚxíng hé gèrén lǚxíng nǎge gèng hǎo?

自由	拘束	安排	语言	解决
zìyóu	jūshù	ānpái	yǔyán	jiějué

说一下人们去**海外旅行**的**理由**。
Shuō yíxià rénmen qù hǎiwài lǚxíng de lǐyóu.

魅力	体会	世界各地	练习	锻炼
mèilì	tǐhuì	shìjiè gèdì	liànxí	duànliàn

08. 学习/外语 학습/외국어

001 不爱学习, 考试考砸了, 被老师批评了一顿。
Bú ài xuéxí, kǎoshì kǎo zá le, bèi lǎoshī pīpíng le yí dùn.

공부하기를 좋아하지 않습니다, 시험을 망쳐서, 선생님께 한바탕 꾸중을 들었습니다.

- 동사+砸 : '망치다', '실패하다' 의미 (결과보어), 종종 뒤에 了와 함께 사용
  예) 搞砸了(망쳤다), 办砸了(일을 망쳤다)
- 顿 : 밥을 먹는 끼니, 비평하다, 때리다, 욕하다 등 동작의 횟수를 나타냄(동량사)
  예) 一天吃三顿饭(하루에 세 끼의 식사를 하다), 打了一顿(한 대 얻어 맞다)

002 英语水平不好, 常常听不懂, 经常说错。
Yīngyǔ shuǐpíng bù hǎo, chángcháng tīng bu dǒng, jīngcháng shuō cuò.

영어 실력이 좋지 않아서, 종종 알아듣지 못하고, 자주 틀리게 말합니다.

- 동사+错 : '틀리게~하다' 의미(결과보어)
  예) 听错了(잘못 들었다), 看错了(잘못 봤다), 写错了(잘못 썼다)

003 汉语难在掌握声调和书写汉字, 需要很长时间。
Hànyǔ nán zài zhǎngwò shēngdiào hé shūxiě Hànzì, xūyào hěn cháng shíjiān.

중국어는 성조를 숙달하고 한자를 쓰는 것이 어려워서, 시간이 매우 오래 걸립니다.

- 掌握 : 익숙하고 자유롭게 활용할 수 있음을 표현할 때
  예) 掌握规律(규율을 파악하다), 掌握技能(기술을 숙달하다), 掌握一门外语(외국어 하나를 숙달하다)

004 "学如逆水行舟, 不进则退"。
"Xuérúnìshuǐxíngzhōu, bújìnzétuì".

노력해서 전진하지 않으면 뒤처집니다.

- 관련 표현 : 活到老, 学到老(늙어 죽을 때까지 배움은 끝이 없다)
  只要功夫深, 铁杵磨成针(지성이면 감천이다)

005 不能"三天打鱼, 两天晒网", 需要耐心细致, 持之以恒。
Bù néng "sāntiāndǎyú, liǎngtiānshàiwǎng", xūyào nàixīn xìzhì, chízhīyǐhéng.

'작심삼일' 하면 안되고, 인내심을 가지고 꼼꼼하게, 꾸준히 지속해야합니다.

- 三天打鱼, 两天晒网 : 자주 중단하며, 장기적으로 지속하지 못할 때 사용
  (공부, 일, 운동, 다이어트, 건강 등의 주제에 사용 가능)

08. 学习/外语 학습/외국어

006
不管学习什么, 只要抓住了窍门, 保准事半功倍!
Bùguǎn xuéxí shénme, zhǐyào zhuāzhù le qiàomén, bǎozhǔn shìbàngōngbèi!

무엇을 공부하든, 요령만 터득하면, 틀림없이 적은 노력으로 많은 효과를 거둘 수 있습니다.

· 窍门 : 문제를 해결할 수 있는 간편하고 쉬운 교묘한 방법을 표현할 때(=方法)
  예) 找到了窍门(요령을 찾았다), 没什么好方法(별로 좋은 방법이 없다)

007
随着中国经济的快速发展, 汉语也成了一大热门语言。
Suízhe Zhōngguó jīngjì de kuàisù fāzhǎn, Hànyǔ yě chéng le yí dà rèmén yǔyán.

중국 경제가 빠른 속도로 성장하면서, 중국어도 큰 인기 언어가 되었습니다.

· 热门 : 대중들의 관심을 받는 것에 사용(반대어: 冷门)
  예) 热门专业(인기 전공), 热门职业(인기 직업), 热门大片(화제작)

008
现在是全球化时代, 英语是通用语。会说英语走遍天下都不怕。
Xiànzài shì quánqiúhuà shídài, Yīngyǔ shì tōngyòngyǔ. Huì shuō Yīngyǔ zǒubiàn tiānxià dōu bú pà.

지금은 글로벌 시대이며, 영어는 공용어입니다. 영어를 할 수 있으면, 어디를 가더라도 두렵지 않습니다.

· 관련 표현 : 数字时代(디지털 시대), 信息时代(정보화 시대), 第四次产业革命(제 4차 산업 혁명)

009
公司派职员去海外工作, 会说外语才能跟当地人交流沟通。
Gōngsī pài zhíyuán qù hǎiwài gōngzuò, huì shuō wàiyǔ cái néng gēn dāngdìrén jiāoliú gōutōng.

회사에서 직원을 해외로 파견합니다, 현지인과 의사소통을 하기 위해서는, 유창한 외국어가 매우 중요합니다.

· 当地: 예) 当地的特产(현지 특산품), 当地的习惯(현지 풍습, 관습)

010
通过打工能在社会实践中积累经验, 有助于找工作。
Tōngguò dǎgōng néng zài shèhuì shíjiàn zhōng jīlěi jīngyàn, yǒuzhùyú zhǎo gōngzuò.

아르바이트를 통해 사회경험을 쌓게 되면, 취업에 도움이 됩니다.

· 积累호응 단어 : 예) 积累知识(지식을 축적하다), 积累资料(자료를 모으다),
  积累财富(부를 축적하다), 长期积累(장기적 누적)

练习 연습

★ 질문의 핵심 point 부분을 주의하며, 제시된 단어를 활용하여 자유롭게 대답해 봅시다.

学外语的时候你有没有特别的方法?
Xué wàiyǔ de shíhou nǐ yǒu méiyǒu tèbié de fāngfǎ?

窍门	听	说	不能	需要
qiàomén	tīng	shuō	bù néng	xūyào

你说外语的时候紧张吗?
Nǐ shuō wàiyǔ de shíhou jǐnzhāng ma?

水平	懂	错	打交道	紧张
shuǐpíng	dǒng	cuò	dǎjiāodao	jǐnzhāng

汉语比其他语言难学的理由是什么?
Hànyǔ bǐ qítā yǔyán nánxué de lǐyóu shì shénme?

很难	难在	记住	抓住	事半功倍
hěn nán	nán zài	jìzhù	zhuāzhù	shìbàngōngbèi

最近你们国家最热门的外语是什么?
Zuìjìn nǐmen guójiā zuì rèmén de wàiyǔ shì shénme?

随着	热门	派	交流	重要
suízhe	rèmén	pài	jiāoliú	zhòngyào

你认为在正式工作以前,必须要有打工的经验吗?
Nǐ rènwéi zài zhèngshì gōngzuò yǐqián, bìxū yào yǒu dǎgōng de jīngyàn ma?

"仁者见仁, 智者见智"	体验	积累	帮助
"rénzhějiànrén, zhìzhějiànzhì"	tǐyàn	jīlěi	bāngzhù

09. 喜好/经济 선호/경제

001 内心很孤独。为了消除这种感受，宠物成了生活中的伙伴。
Nèixīn hěn gūdú. Wèile xiāochú zhèzhǒng gǎnshòu, chǒngwù chéng le shēnghuó zhōng de huǒbàn.

외로운 마음을 없애주는 애완동물은 삶의 동반자가 되었습니다.

· 消除 : 좋지 않은 것을 제거하거나 없애는 것을 표현할 때
  예) 消除误会(오해를 없애다), 消除寂寞(적막을 없애다), 消除疲劳(피로를 제거하다), 消除偏见(편견을 없애다)

002 在楼房里养宠物很吵，而且宠物随地大小便，对环境不好。
Zài lóufáng li yǎng chǒngwù hěn chǎo, érqiě chǒngwù suídì dàxiǎobiàn, duì huánjìng bù hǎo.

건물에서 애완동물을 기르는 것은, 매우 시끄러우며, 게다가 애완동물이 아무데나 대소변을 보는 것은, 환경에 좋지 않습니다.

· 관련 상용어 : 保养身体(심신을 보양하다), 抚养老人(노인을 부양하다), 养花种草(꽃을 기르고 풀을 심다), 养成习惯(습관을 기르다)

003 第一印象是很重要的，衣服一定要稳重大方。
Dì yī yìnxiàng shì hěn zhòngyào de, yīfu yídìng yào wěnzhòng dàfang.

첫인상은 매우 중요하므로, 옷은 반드시 점잖고 얌전해야 합니다.

· 印象 : 예) 留下了深刻的印象(깊은 인상을 남겼다),
  给人留下美好的印象(사람에게 아름답고 좋은 인상을 남기다)

004 我比较在乎自己在别人眼里的形象，所以穿衣服很讲究。
Wǒ bǐjiào zàihu zìjǐ zài biérén yǎnli de xíngxiàng, suǒyǐ chuān yīfu hěn jiǎngjiu.

저는 다른 사람의 눈에 비친 저의 이미지에 비교적 신경을 많이 쓰기 때문에, 그래서 옷을 입는 것에 매우 신경 씁니다.

· 讲究 : 예) 讲究面子(체면을 중시하다), 不讲究吃穿(먹고 입는 것에 신경 쓰지 않는다),
  没什么讲究(별로 신경쓸 것 없다)

005 我是一个非常守时的人，我认为遵守时间很重要。
Wǒ shì yí ge fēicháng shǒushí de rén, wǒ rènwéi zūnshǒu shíjiān hěn zhòngyào.

저는 시간을 매우 잘 지키는 사람입니다, 저는 시간을 잘 지키는 것은 매우 중요하다고 생각합니다.

· 관련 표현 : 遵守(준수하다, 지키다), 遵循(따르다)
  예) 守规矩(규칙을 지키다), 遵纪守法(규율을 준수하고, 법을 준수하다), 守信用(신용을 지키다)

006 买房子是最佳选择, 不仅能居住, 还具备投资功能。
Mǎi fángzi shì zuì jiā xuǎnzé, bùjǐn néng jūzhù, hái jùbèi tóuzī gōngnéng.

집을 사는 것은 최선의 선택이며, 주거할 수 있을 뿐 아니라, 투자 기능도 갖추고 있습니다.

· 选择 호응 단어 : 예) 选择专业(전공을 선택하다), 选择对象(결혼 상대를 고르다)

007 我平时花钱很有规律, 从不会乱花钱。
Wǒ píngshí huā qián hěn yǒu guīlǜ, cóng bú huì luàn huā qián.

저는 평소에 돈을 매우 규칙적으로 쓰며, 마음대로 돈을 쓰지 않습니다.

· 비슷한 표현 : 大手大脚(돈을 헤프게 쓰다), 花钱如流水(돈을 물처럼 쓰다)
· 상반된 표현 : 精打细算(세밀하게 계산하다), 节约用钱(돈을 절약하다)

008 收入除了日常开销(以外), 还有一大部分用于为将来做准备。
Shōurù chúle rìcháng kāixiāo (yǐwài), háiyǒu yí dàbùfen yòng yú wèi jiānglái zuò zhǔnbèi.

수입은 일상생활비 지출하는 것 외에, 대부분 장래를 대비하는 데에도 사용합니다.

· 除了~以外, 都/全~ : '~을 제외하고, 모두~' 의미
  예) 除了日常开支以外, 其他的钱都存款(일상적인 지출을 제외하고, 나머지 돈은 모두 저축하다)
· 除了~以外, 还/也~ : '~이외에, 또~' 의미
  예) 除了基本生活费用以外, 还有很多额外的开销(기본 생활비 외에도, 많은 추가 지출이 있다)
· 除了~, 就是~ : '~아니면, ~이다' 의미
  예) 他除了上课, 就是去图书馆看书(그는 수업하는 것 아니면, 도서관에 가서 책을 본다)

009 最近是互联网时代, 没有因特网的生活简直无法想象。
Zuìjìn shì hùliánwǎng shídài, méiyǒu yīntèwǎng de shēnghuó jiǎnzhí wúfǎ xiǎngxiàng.

요즘은 인터넷 시대이기에, 인터넷이 없는 삶은 그야말로 상상도 할 수 없습니다.

· 简直 : 예) 简直不可思议(그야말로 불가사의하다), 简直是浪费时间(정말 시간 낭비이다)

010 上网查找信息, 收发电子邮件, 还有就是为了娱乐打发时间。
Shàngwǎng cházhǎo xìnxī, shōufā diànzǐ yóujiàn, háiyǒu jiùshì wèile yúlè dǎfā shíjiān.

인터넷에서 정보를 찾으며, 이메일을 주고받고, 또 즐거움을 위해 시간을 보낸다.

· 上网 : '인터넷을 하다' 의미
· 관련 표현 : 上网购物, 预订机票和酒店(인터넷에서 쇼핑하고, 비행기표와 호텔을 예약하다),
            上网聊天儿, 玩儿游戏(인터넷에서 채팅을 하고, 게임을 하다)

练习 연습

★ 질문의 핵심 point 부분을 주의하며, 제시된 단어를 활용하여 자유롭게 대답해 봅시다.

你很重视服装，喜欢打扮吗?
Nǐ hěn zhòngshì fúzhuāng, xǐhuan dǎban ma?

在乎	讲究	穿	印象	稳重大方
zàihu	jiǎngjiu	chuān	yìnxiàng	wěnzhòng dàfāng

你一般上网做什么?
Nǐ yìbān shàngwǎng zuò shénme?

普及	查找	收发	娱乐	无法想象
pǔjí	cházhǎo	shōufā	yúlè	wúfǎ xiǎngxiàng

你周围养宠物的人多吗?
Nǐ zhōuwéi yǎng chǒngwù de rén duō ma?

孤独	消除	养	伙伴	吵
gūdú	xiāochú	yǎng	huǒbàn	chǎo

如果经济条件允许,你先买车还是买房子?
Rúguǒ jīngjì tiáojiàn yǔnxǔ, nǐ xiān mǎi chē háishi mǎi fángzi?

不同	选择	居住	投资	明智
bùtóng	xuǎnzé	jūzhù	tóuzī	míngzhì

你经常戴着手表吗?
Nǐ jīngcháng dài zhe shǒubiǎo ma?

戴着	守时	开会	见客户	遵守
dài zhe	shǒushí	kāihuì	jiàn kèhù	zūnshǒu

挑战 도전

★ 모의고사 1

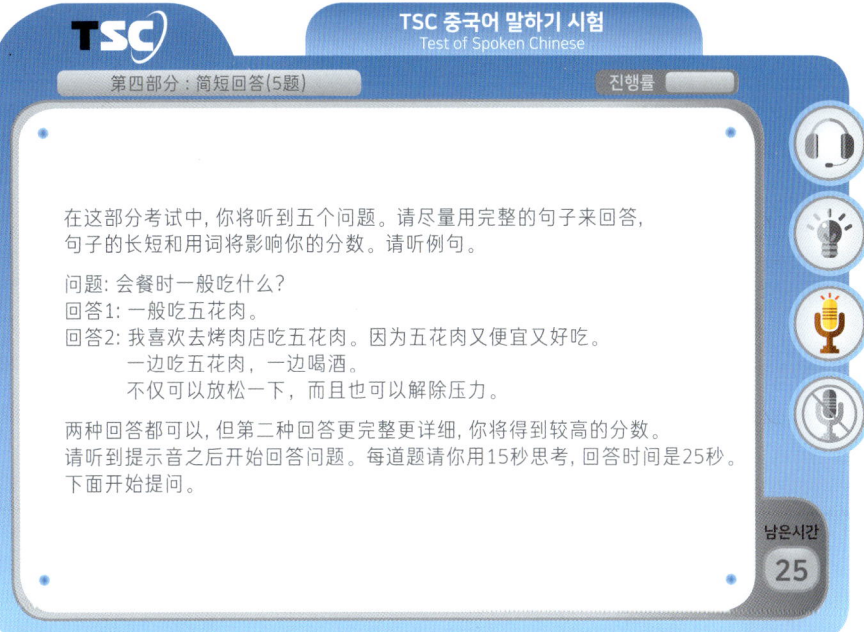
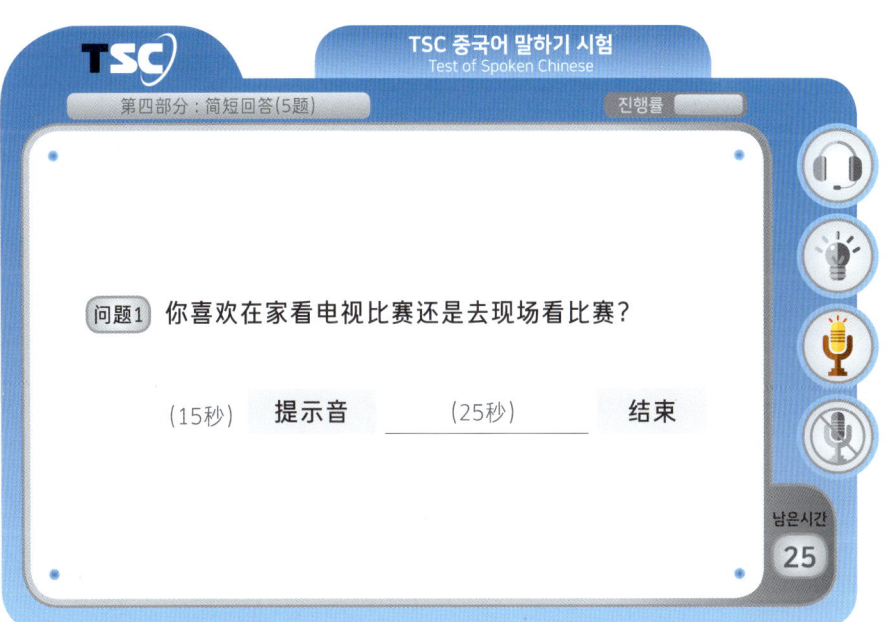

挑战 도전

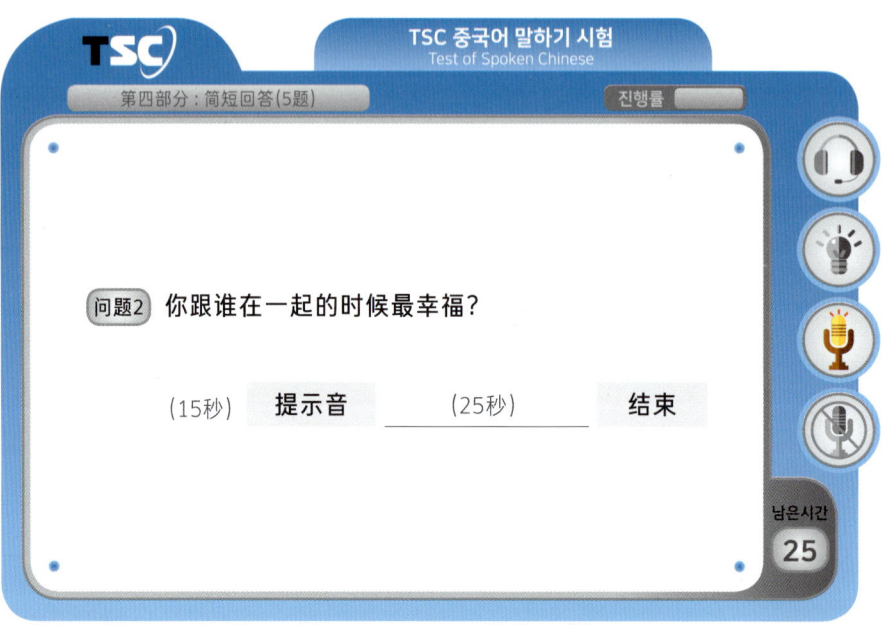

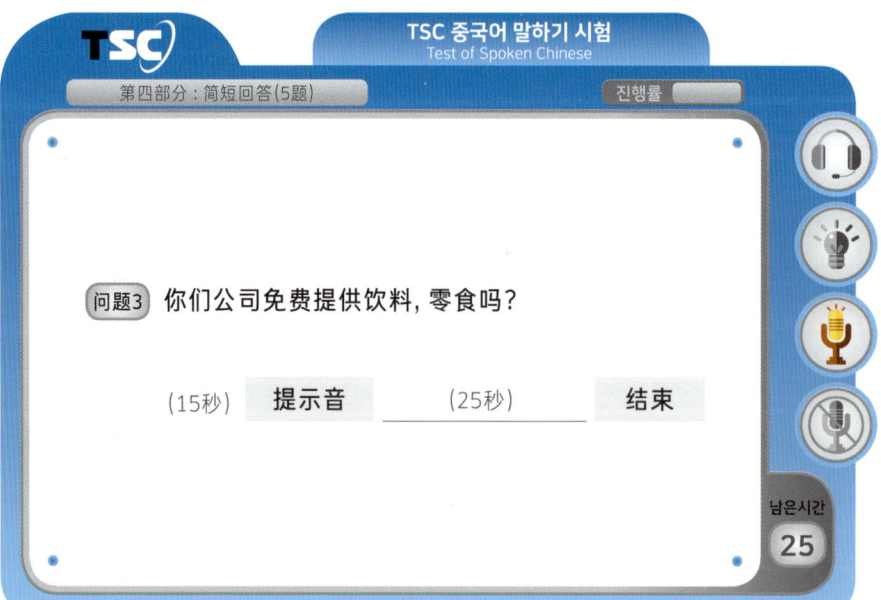

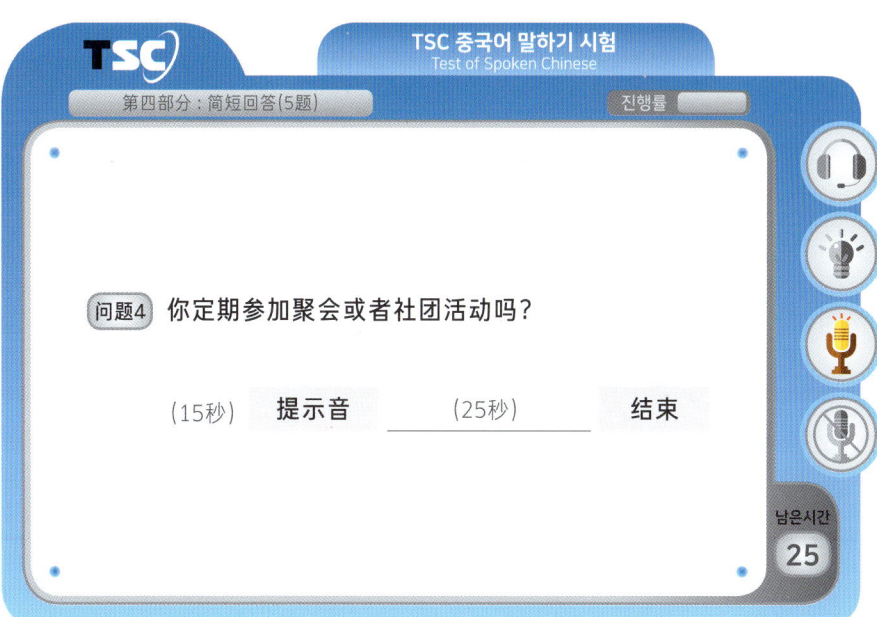

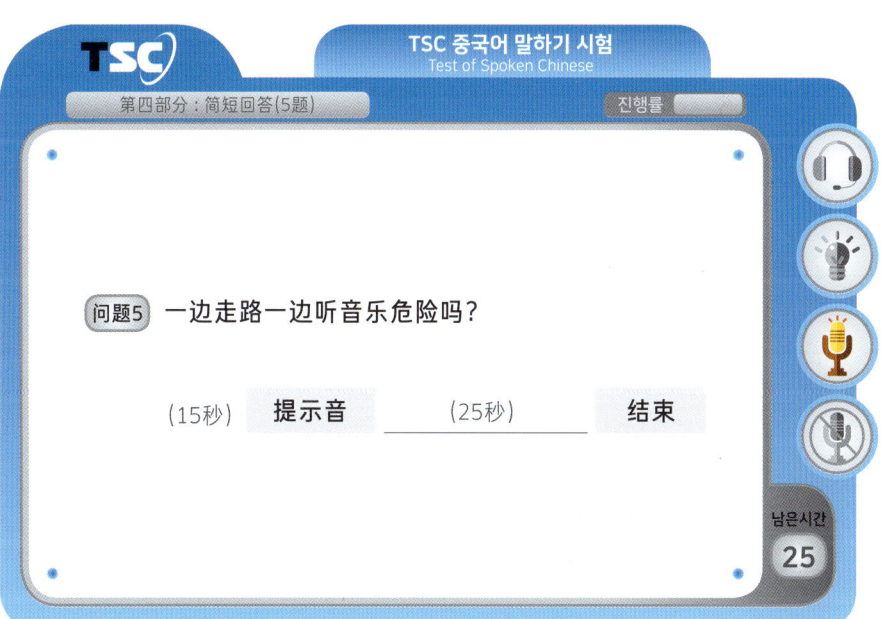

挑战 도전

★ 모의고사 2

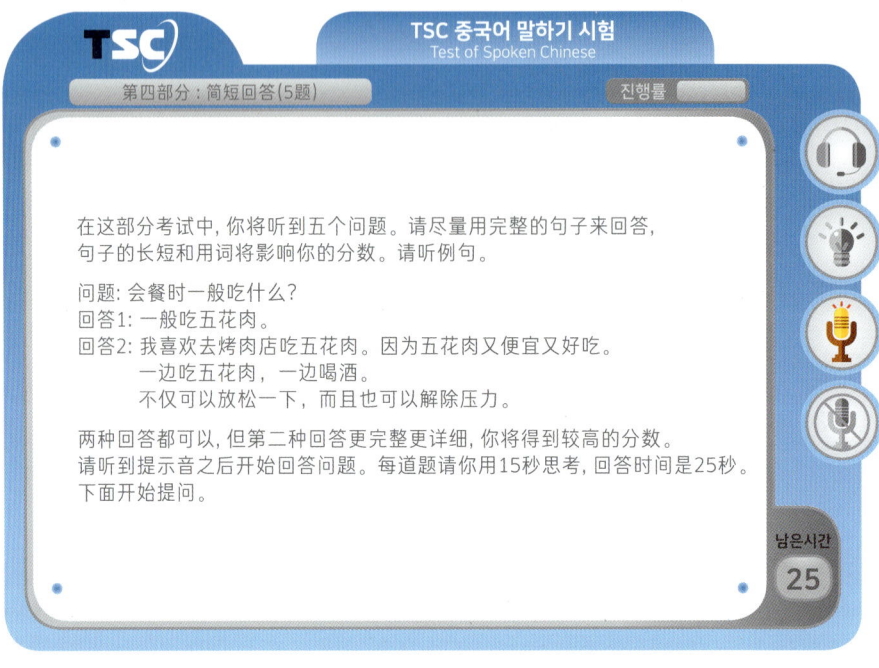

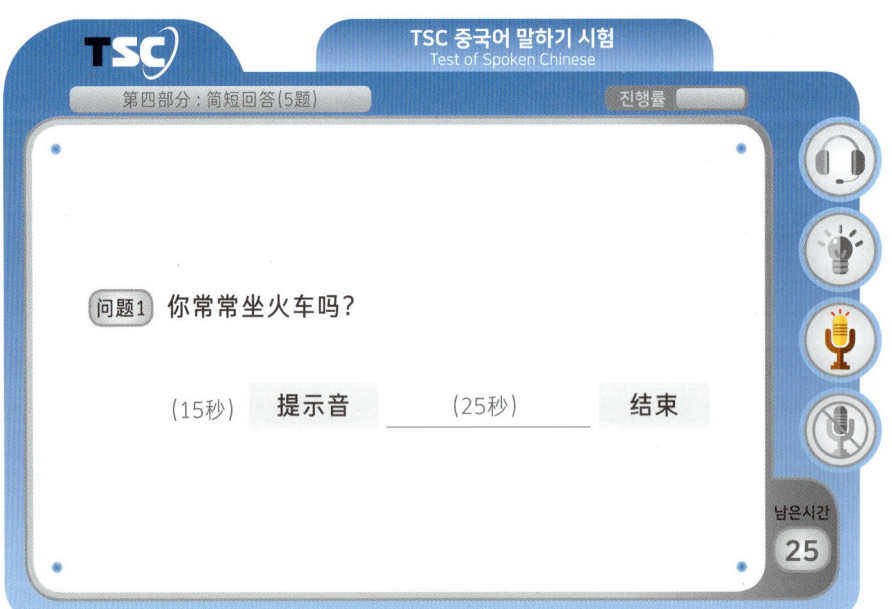

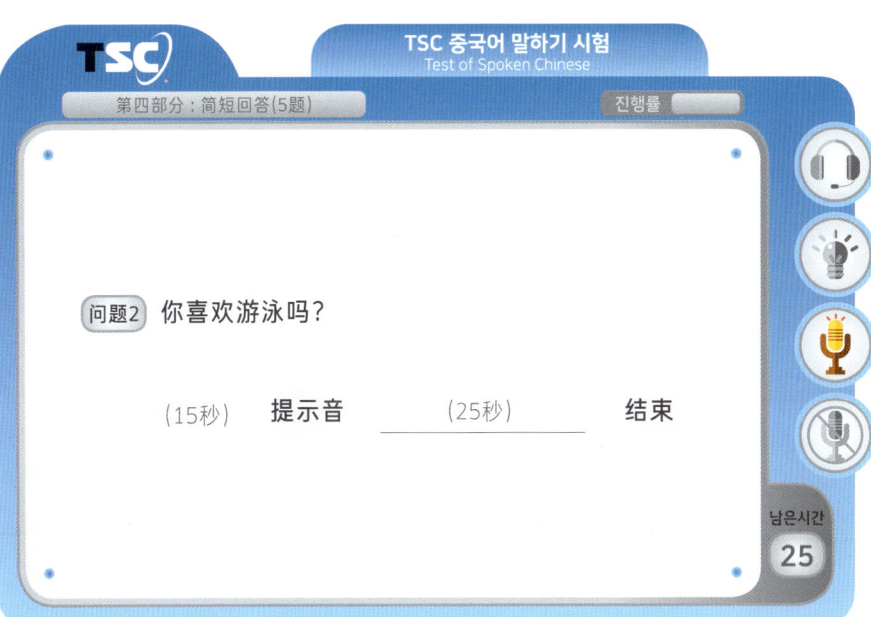

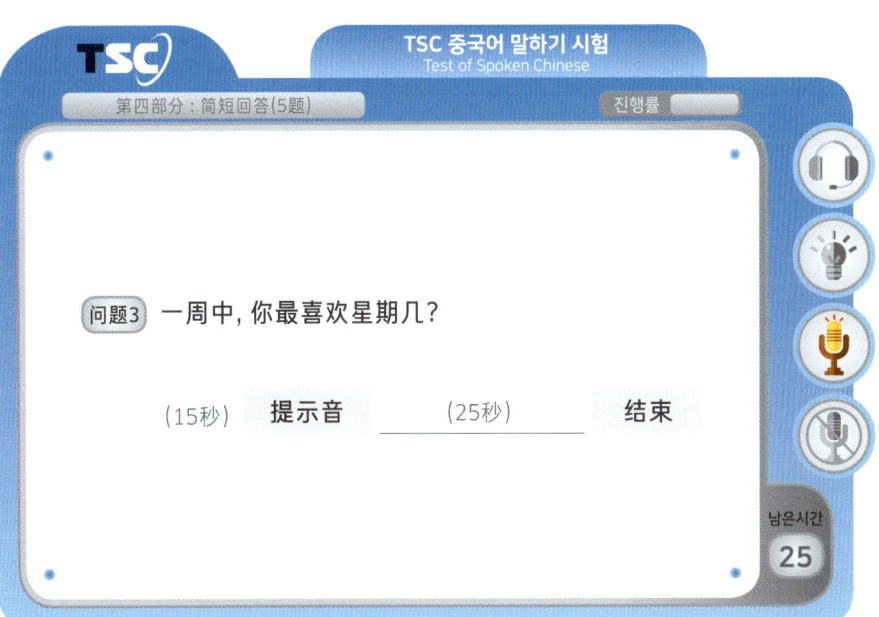

挑战 도전

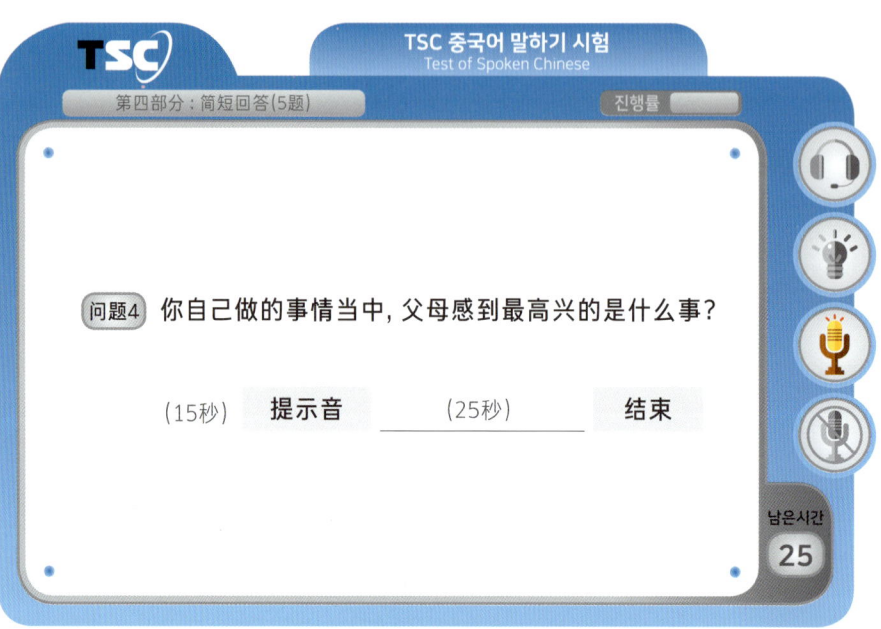

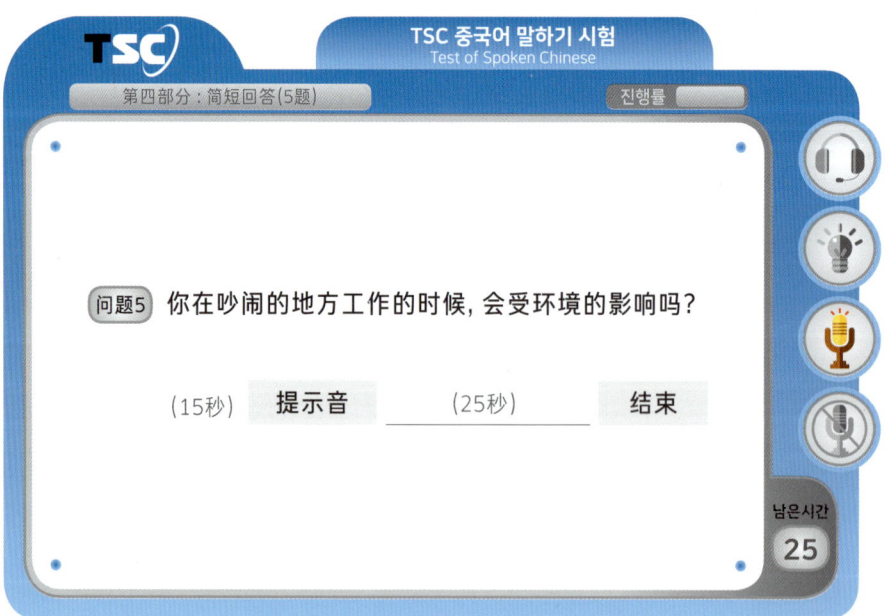

쉬어가기

중국어 성조 변화 주의하기

■ 주의해야 하는 성조 및 발음 변화 인지하기

중국어에는 기본적인 1성, 2성, 3성, 4성 경성인 성조가 있다. 각각의 한자마다 정해져 있는 성조대로 발음을 하면 되지만 일정한 경우에서는 발음을 좀 더 편안하게 하기 위해 성조를 바꿔서 말하자고 약속해 놓은 규칙들이 있는데 총 3가지로 정리한 규칙들의 원리를 알면 조금 더 쉽게 기억할 수 있다.

✓ 3성 변화

3성은 단독으로 있을 때를 제외하고, 아래와 같은 상황에서 성조가 변화한다.
그러나 바뀐 성조는 따로 표시를 하지 않으므로 본인이 스스로 바꾸어 말해야 한다.

1) [3성 + 1, 2, 4성(경성) -> 반3성 + 1, 2, 4성(경성)]

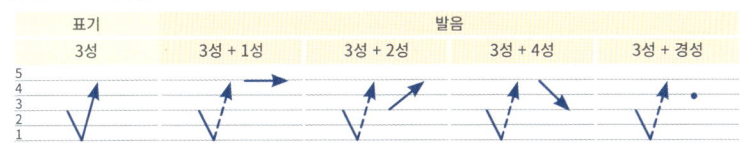

예) 打开 dǎkāi 열다, 美国 Měiguó 미국, 可怕 kěpà 무섭다

2) [3성 + 3성 -> 2성 + 3성]

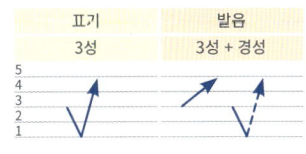

예) 水果 shuǐguǒ 과일, 你好 nǐhǎo 안녕하세요

✓ 不 / 一 성조 변화

"不", "一"는 뒤에 오는 성조에 따라 본래의 성조가 달라지는 경우가 있다.

1) [不bù / 一yì + 1, 2, 3성]

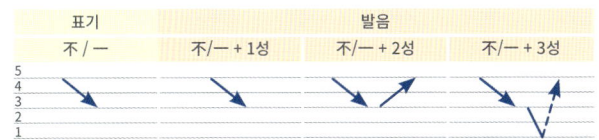

예) 不知道 bùzhīdào 모르다, 一起 yìqǐ 함께

2) [不bú / 一yí + 4성(경성)]

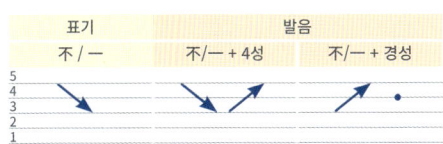

예) 不重要 búzhòngyào 중요하지 않다,
一位 yí wèi 한 분

※ "一"는 단독(一yī, 하나) 혹은 단어 꼬리(唯一wéiyī 유일한), 날짜(一月yī yuè 1월),
서수(第一dì yī 제1) 등에 사용될 때에는 그대로 1성을 유지한다.

MEMO

제5부분

확장하여 대답하기
拓展回答

문제수	4문제
준비 시간	30초
답변시간	50초

问:
很多人喜欢当公务员，请你分析一下原因是什么。
Hěn duō rén xǐhuan dāng gōngwùyuán, qǐng nǐ fēnxi yíxià yuányīn shì shénme
많은 사람들은 공무원이 되고 싶어합니다,
그 원인이 무엇인지 분석해보세요.

주요주제
직업, 직장, 교육, 생활, 경제, 과학/기술, 건강, 환경보호, 국가, 외모

공략법

1. 질문의 의도를 파악하자!
5부분은 개인의 관점, 입장, 의견 등을 표현해야 하므로, 문제의 의도를 정확하게 파악해야 한다. 문제 형식은 찬성/반대, 장단점 분석/비교, 방법 선택, 원인/이유, 개인의 주관적 의견 등이 있다.

2. 논리적으로 답하자!
주어진 시간 내에, 개인의 관점을 논리적이고 분명하게 밝혀야 하며, 답변 시에는 항상
첫째(第一), 둘째(第二), 셋째(第三) 또는
먼저(首先), 그 다음으로는(其次), 마지막으로는(最后) 등의 표현을 사용해야 한다.

3. 답변의 첫 부분과 끝부분의 형식을 파악하자!
답변의 첫 부분에는 먼저 개인의 관점을 명확히 제시해야 한다.
첫 부분 표현 형식 : 我认为~(나는 ~ 라고 생각한다), 对这个问题,~(이 문제에 대해,~),
我赞成/反对~(나는 찬성한다/반대한다), 俗话说~(속담에서는 ~말한다) 등
마지막 끝부분에서 다시 한번 개인적인 의견을 강조해야 한다.
끝부분 표현 형식 : 总而言之/总之(종합적으로 말하자면),
综上所述(앞에서 말한 내용을 종합하자면), 因此/所以(그러므로/그래서) 등

01. 职业 직업

001 其实一份工作理不理想，主要是取决于自己的态度。
Qíshí yīfèn gōngzuò lǐ bu lǐxiǎng, zhǔyào shì **qǔjuéyú** zìjǐ de tàidù.

사실 일이 이상적인지 아닌지는, 주로 자신의 태도에 의해 좌우됩니다.

· 取决于 : 어떠한 사람, 방면, 조건 등에 의해 결정되거나 좌우됨을 표현할 때 (항상 于와 사용)
  예) 成功与否取决于你的努力和能力 (성공 여부는 당신의 노력과 능력에 달려 있다),
  快不快乐取决于你的心态 (즐거운지 아닌지는 당신의 마음가짐에 달려 있다)

002 大企业有较高的年薪和福利待遇，而且管理制度比较健全。
Dàqǐyè yǒu jiào gāo de niánxīn hé fúlì dàiyù, érqiě guǎnlǐ zhìdù bǐjiào **jiànquán**.

대기업은 비교적 높은 연봉과 복리후생이 있고, 게다가 관리 제도가 비교적 완벽합니다.

· 健全 : 병이나 탈 없이 건강하고 온전함 또는 사물이 완벽함을 표현할 때(동사/형용사 모두 가능)
  예) 身心健全(몸과 마음이 건강하다), 健全和完善福利制度(완벽하고 완전한 복지제도)

003 在中小企业，能受到比较全面的锻炼，有更多的发展空间。
Zài zhōngxiǎoqǐyè, néng shòudào bǐjiào **quánmiàn** de duànliàn, yǒu gèngduō de fāzhǎn kōngjiān.

중소기업에서는, 비교적 전반적인 훈련을 받을 수 있고, 더 많은 발전 여지가 있습니다.

· 全面 : 여러 방면을 고려함을 표현할 때 (반대어 : 片面 단편)
  예) 要用全面的视角来看待问题(전반적인 시각으로 문제를 봐야 한다),
  必须得到全面改善(반드시 전반적으로 개선되어야 한다)

004 公务员是"铁饭碗"，不仅衣食无忧无虑，而且受人尊敬。
Gōngwùyuán shì "tiěfànwǎn", bùjǐn yīshí wú**yōu**wú**lǜ**, érqiě shòu rén zūnjìng.

공무원은 "철밥통"으로, 생계 걱정이 없을 뿐 아니라, 사람들에게 존경받습니다.

· 忧虑 호응 단어 : 感到忧虑(우울함을 느끼다), 深感忧虑(깊게 걱정하다)
· 관련 표현 : 人无远忧, 必有近忧(사람은 먼 곳에 근심이 없으면, 반드시 가까운 곳에 근심이 있다)

005 房价、生活费用和教育费用高昂，经济负担很重。
Fángjià、shēnghuó fèiyòng hé jiàoyù fèiyòng gāo'áng, jīngjì **fùdān** hěn zhòng.

집값, 생활비 그리고 교육비가 올라서, 경제적 부담이 매우 큽니다.

· 负担 : 예) 减轻学习负担(학습 부담이 감소하다), 增加生活负担(생활 부담이 늘어나다)

006 在当前的经济形势下，任何职业都存在一定的不稳定性。
Zài dāngqián de jīngjì xíngshì xia, rènhé zhíyè dōu cúnzài yídìng de bùwěndìngxìng.

현재의 경제 상황에서는, 어떠한 직업에도 어느 정도의 불안정성이 존재합니다.

- 在~下 : 일정한 범위, 장소, 조건 등에 속함을 표현할 때
  예) 在困难的情况下(어려운 상황에서), 在父母的关爱下(부모의 관심과 사랑 속에서), 在大家的帮助下(여러분들의 도움 아래)

007 我们的工作方式也有了很大的改变，自由职业越来越受欢迎。
Wǒmen de gōngzuò fāngshì yě yǒu le hěn dà de gǎibiàn, zìyóu zhíyè yuèláiyuè shòu huānyíng.

저희의 업무 방식도 매우 큰 변화가 있으며, 프리랜서는 점점 인기를 얻고 있습니다.

- 改变 : 뚜렷한 변화가 일어남을 표현할 때
  예) 观念改变了(관념이 바뀌었다), 难以改变(달라지기 어렵다), 几乎没有改变(거의 변화가 없다)

008 按照工作成绩收取报酬的做法是比较公平的，符合市场规律。
Ànzhào gōngzuò chéngjì shōuqǔ bàochóu de zuòfǎ shì bǐjiào gōngpíng de, fúhé shìchǎng guīlǜ.

업무 성적에 따라 보수를 받는 방법은 비교적 공평하고, 시장 규율에 부합합니다.

- 按照 호응 단어 : 按照规定(규정에 따라), 按照情况(상황에 따라), 按照计划(계획대로)

009 现在全球经济萧条，就业很难，而且很多公司都大量裁员。
Xiànzài quánqiú jīngjì xiāotiáo, jiùyè hěn nán, érqiě hěn duō gōngsī dōu dàliàng cáiyuán.

현재 전 세계적인 경기 침체로, 취업이 매우 어렵고, 게다가 많은 회사들이 대량 해고를 하고 있습니다.

- 裁员 = 解雇(인원을 정리하다[줄이다]. 감원하다)
- 裁员 호응 단어 : 裁员减薪(감원 감봉), 解雇工人(노동자를 해고하다)

010 雇佣廉价的临时工(非正式员工)，可以获取利益的最大化。
Gùyōng liánjià de línshígōng(fēizhèngshì yuángōng), kěyǐ huòqǔ lìyì de zuìdàhuà.

저렴한 임시직(비정규직)을 고용하면, 이익의 극대화를 얻을 수 있습니다.

- 获取 호응 단어 : 获取知识(지식을 얻다), 获取情报(정보를 얻다), 获取利润(이윤을 얻다)

练习 연습

★ 문제의 핵심 Point를 이해하고, 제시된 단어를 활용하여 첫시작과 끝맺음을 주의하며 자유롭게 대답해 봅시다.

请你谈一谈很多人想进大公司的理由。
Qǐng nǐ tán yi tán hěn duō rén xiǎng jìn dàgōngsī de lǐyóu.

仁者见仁	智者见智	认为	年薪	福利待遇	健全	稳定
Rénzhějiànrén	zhìzhějiànzhì	rènwéi	niánxīn	fúlì dàiyù	jiànquán	wěndìng

---

对没有固定时间的自由职业, 你怎么看?
Duì méiyǒu gùdìng shíjiān de zìyóu zhíyè, nǐ zěnme kàn?

随着	改变	欢迎	拘束	照顾	固定
suízhe	gǎibiàn	huānyíng	jūshù	zhàogù	gùdìng

很多人喜欢当公务员, 请你分析一下原因是什么。
Hěn duō rén xǐhuan dāng gōngwùyuán, qǐng nǐ fēnxi yíxià yuányīn shì shénme.

高昂	负担	铁饭碗	稳定	衣食无忧	尊敬
gāo'áng	fùdān	tiěfànwǎn	wěndìng	yīshíwúyōu	zūnjìng

如果要换工作, 你认为什么条件最重要?
Rúguǒ yào huàn gōngzuò, nǐ rènwéi shénme tiáojiàn zuì zhòngyào?

不同	理想	取决于	形势	稳定	而言
bùtóng	lǐxiǎng	qǔjuéyú	xíngshì	wěndìng	éryán

越来越多的公司最近不招聘正式员工, 招聘非正式员工, 对这种现象, 你怎么看?
Yuèláiyuè duō de gōngsī zuìjìn bù zhāopìn zhèngshì yuángōng, zhāopìn fēizhèngshì yuángōng, duì zhèzhǒng xiànxiàng, nǐ zěnme kàn?

萧条	就业	裁员	雇佣	获取	因此
xiāotiáo	jiùyè	cáiyuán	gùyòng	huòqǔ	yīncǐ

02. 职场 직장

001 职业一定要与专业对口,才能最大限度发挥自己的潜能。
Zhíyè yídìng yào yú zhuānyè duìkǒu, cái néng zuìdà xiàndù fāhuī zìjǐ de qiánnéng.

직업은 반드시 전공과 맞아야, 자신의 잠재력을 최대한 발휘할 수 있습니다.

· 发挥 : 잠재 능력을 충분히 나타냄을 표현할 때
예) 发挥才能(재능을 발휘하다), 发挥积极性(적극성을 발휘하다), 发挥专长(특기를 발휘하다)

002 一来容易上手,二来在工作领域发展比较快,而且很有成效。
Yīlái róngyì shàngshǒu, èrlái zài gōngzuò lǐngyù fāzhǎn bǐjiào kuài, érqiě hěn yǒu chéngxiào.

첫째로는 쉽게 시작할 수 있고, 둘째로는 업무 영역에서 비교적 빨리 발전하며, 또 매우 효과적입니다.

· 원인, 이유 또는 목적을 설명할 때 : 第一(첫번째로는), 首先(먼저), 一方面(한 편으로는)
· 문어체 : 一则(첫째), 二则(둘째)

003 在职场里学习新的业务知识来完善自己,提高业务能力。
Zài zhíchǎng li xuéxí xīn de yèwù zhīshí lái wánshàn zìjǐ, tígāo yèwù nénglì.

직장에서 새로운 업무 지식을 습득하여 자신을 보완하고, 업무 능력을 향상시킵니다.

· 完善 : 예) 完善社会福利制度(사회 복지 제도를 보완하다), 完善企业管理体制(기업 관리 체제를 보완하다), 公司还有许多需要完善的地方(회사는 아직 보완해야 할 것이 많다)

004 要升职就必须要提高学历或外语水平,或者提高演讲等技能。
Yào shēngzhí jiù bìxū yào tígāo xuélì huò wàiyǔ shuǐpíng, huòzhě tígāo yǎnjiǎng děng jìnéng.

승진하려면 반드시 학력이나 외국어 실력을 향상시키거나, 또는 연설 등의 기량을 높여야 합니다.

· 学历 : 최종 졸업이나 어느 수준의 학교에서 공부했는지를 표현할 때
예) 名牌大学学历(명문 대학 학력), 高学历(고학력), 学历高的人(학력이 높은 사람)

005 延长退休年龄将减轻政府的经济负担,可以弥补工人的短缺。
Yáncháng tuìxiū niánlíng jiāng jiǎnqīng zhèngfǔ de jīngjì fùdān, kěyǐ míbǔ gōngrén de duǎnquē.

정년 연장은 정부의 경제적 부담을 덜어주고, 근로자들의 부족함을 보완할 수 있습니다.

· 弥补 : 예) 弥补自身的不足(자신의 부족함을 보완하다), 弥补身体上的缺陷(신체적 결함을 보완하다), 造成不可弥补的损失(보완할 수 없는 손실을 초래하다)

02. 职场 직장

006 凡事有利就有弊, 延长退休年龄也可能会导致就业难的问题。
Fánshì yǒu lì jiù yǒu bì, yáncháng tuìxiū niánlíng yě kěnéng huì dǎozhì jiùyè nán de wèntí.

모든 일에는 이익이 있으면 손해도 있습니다, 정년 연장도 취업난의 원인이 될 수 있습니다.

- 利 : 좋은점(장점)
- 弊 : 나쁜점(단점)
  예) 有利有弊(장단점이 있다), 各有利弊(각기 장단점이 있다), 利大于弊(장점이 단점보다 크다), 弊大于利(단점이 장점보다 크다)

007 五天工作制能让人得到充分的休息, 有利于家庭的幸福和谐。
Wǔtiān gōngzuòzhì néng ràngrén dédào chōngfèn de xiūxi, yǒulìyú jiātíng de xìngfú héxié.

주5일 근무제는 휴식을 충분히 할 수 있어, 가정의 행복과 화목함에 도움이 됩니다.

- 充分 : 추상적인 사물이 충분함을 표현할 때
  예) 做充分的准备(충분한 준비를 하다), 我有充分的理由相信~(나는 ~을 믿을만한 충분한 이유가 있다), 充分听取大家的意见(사람들의 의견을 충분히 듣다)

008 五天工作制能促进韩国的市场消费, 有利于国家的经济发展。
Wǔtiān gōngzuòzhì néng cùjìn Hánguó de shìchǎng xiāofèi, yǒulìyú guójiā de jīngjì fāzhǎn.

주5일 근무제는 한국의 시장 소비를 촉진시킬 수 있으며, 국가의 경제 발전에 도움이 됩니다.

- 促进 : 예) 促进经济增长(경제 성장을 촉진하다), 促进血液循环(혈액 순환을 촉진하다)

009 每一个企业都有自己独特的风格, 形成了不同的职场文化。
Měi yí ge qǐyè dōu yǒu zìjǐ dútè de fēnggé, xíngchéng le bùtóng de zhíchǎng wénhuà.

기업마다 자신만의 독특한 스타일이 있으며, 각기 다른 직장 문화를 형성하였습니다.

- 文化 : 예) 饮食文化(음식 문화), 多元文化家庭(다문화가정), 促进国家间的文化交流(국가간의 문화 교류를 촉진하다)

010 对于上司的指示, 应该服从, 这样才能更好地完成公司的工作。
Duìyú shàngsī de zhǐshì, yīnggāi fúcóng, zhèyàng cái néng gènghǎo de wánchéng gōngsī de gōngzuò.

상사의 지시에, 복종해야, 회사 일을 더 잘 할 수 있습니다.

- 服从 호응 단어 : 服从命令(명령에 복종하다), 服从多数(다수에게 복종하다)

练习 연습

★ 문제의 핵심 Point를 이해하고, 제시된 단어를 활용하여 첫시작과 끝맺음을 주의하며 자유롭게 대답해 봅시다.

你认为专业和职业一定要有关系吗?
Nǐ rènwéi zhuānyè hé zhíyè yídìng yào yǒu guānxi ma?

| 对口 | 发挥 | 一来 | 二来 | 发展 | 成效 |
| duìkǒu | fāhuī | yīlái | èrlái | fāzhǎn | chéngxiào |

老龄化越来越严重, 有人认为公司应该推迟退休年龄, 你同意吗?
Lǎolínghuà yuèláiyuè yánzhòng, yǒurén rènwéi gōngsī yīnggāi tuīchí tuìxiū niánlíng, nǐ tóngyì ma?

| 随着 | 严重 | 同意 | 减轻 | 弥补 | 导致 |
| suízhe | yánzhòng | tóngyì | jiǎnqīng | míbǔ | dǎozhì |

五天工作制和六天工作制相比的长短处。
Wǔtiān gōngzuòzhì hé liùtiān gōngzuòzhì xiāngbǐ de chángduǎnchù.

| 各有利弊 | 休息 | 有利于 | 利用 | 促进 | 发展 |
| gèyǒulìbì | xiūxi | yǒulìyú | lìyòng | cùjìn | fāzhǎn |

你认为下属应该无条件服从上司吗?
Nǐ rènwéi xiàshǔ yīnggāi wú tiáojiàn fúcóng shàngsī ma?

| 风格 | 文化 | 服从 | 完成 | 矛盾 | 解决 |
| fēnggé | wénhuà | fúcóng | wánchéng | máodùn | jiějué |

你认为在公司工作中, 要具备哪些能力?
Nǐ rènwéi zài gōngsī gōngzuò zhōng, yào jùbèi nǎxiē nénglì?

| 完善 | 提高 | 发挥 | 必须 | 学历 | 技能 |
| wánshàn | tígāo | fāhuī | bìxū | xuélì | jìnéng |

03. 教育 교육

001 "不参加辅导班就会输在起跑线上"，成为大多数家长的座右铭。
"Bù cānjiā fǔdǎobān jiù huì shū zài qǐpǎoxiàn shang", chéngwéi dàduōshù jiāzhǎng de zuòyòumíng.

"학원에 가지 않으면 시작도 하기 전에 진다"는, 대다수 학부모의 좌우명입니다.

· 관련 표현 : 别让孩子输在起跑线上, 不能让孩子输在起跑线上
 (자식을 출발선(상)에서 지지 않도록 하다)

002 教育费用的支出很大，给家庭带来了不小的经济负担。
Jiàoyù fèiyòng de zhīchū hěn dà, gěi jiātíng dàilái le bù xiǎo de jīngjì fùdān.

교육비 지출이 매우 커서, 가계에 적지 않은 경제적 부담을 주었습니다.

· 支出 : 예) 收入和支出(수입과 지출), 纪录支出(지출을 기록하다),
 合理节省支出(합리적으로 지출을 절감하다)

003 不应该强迫孩子学习，应该培养孩子的兴趣爱好。
Bù yīnggāi qiángpò háizi xuéxí, yīnggāi péiyǎng háizi de xìngqù àihào.

아이에게 공부를 강요할 것이 아니라, 흥미와 취미가 생기도록 해야합니다.

· 强迫 : 복종하도록 압력을 가함을 표현할 때
 예) 强迫职员加班(직원들에게 야근을 강요하다), 强迫别人接受(다른 사람들이 수용하도록 강요하다)

004 培养孩子，使他们具有良好的品质和习惯。
Péiyǎng háizi, shǐ tāmen jùyǒu liánghǎo de pǐnzhì hé xíguàn.

자식을 기르는 것은, 그들이 좋은 성품과 습관을 갖게 합니다.

· 具有 : '가지다', '갖추다' 의미(추상적 사물에 많이 사용)
 예) 具有竞争力(경쟁력을 갖추다), 具有保健功能(건강 유지 기능을 가지다)

005 批评孩子不如鼓励表扬孩子，但是孩子犯错的时候，要严格批评。
Pīpíng háizi bùrú gǔlì biǎoyáng háizi, dànshì háizi fàn cuò de shíhou, yào yángé pīpíng.

아이를 혼내는 것 보다 칭찬하는 것이 낫지만, 그러나 아이가 잘못을 저지를 때는, 엄하게 혼내야 합니다.

· A不如B : 'A보다 B가 낫다', 'A는 B만 못하다' 의미
 예) 远亲不如近邻(먼 친척보다 가까운 이웃이 낫다), 百闻不如一见(백문이 불여일견이다)

006 过分溺爱孩子，会很容易造成儿童的不诚实，虚伪和自私自利。
Guòfèn nì'ài háizi, huì hěn róngyì zàochéng értóng de bù chéngshí, xūwěi hé zìsīzìlì.

지나치게 자식을 사랑하는 것은, 아이의 불성실함, 위선과 이기심을 만들어 내기 쉽습니다.

· 造成 : 좋지 않은 결과를 만들어냄을 표현할 때
예) 造成严重的后果(심각한 결과를 만들다), 造成社会危机(사회 위기를 조성하다), 造成环境灾难(환경 재앙을 만들다)

007 期待孩子成为一个有出息的人，这就是父母的望子成龙之心。
Qīdài háizi chéngwéi yí ge yǒu chūxī de rén, zhè jiù shì fùmǔ de wàngzǐchénglóng zhī xīn.

자식이 잘 되길기대하는 것은, 자식이 훌륭한 인물이 되길 바라는 부모의 마음입니다.

· 之 : 관형어와 중심어 사이에 사용
예) 三分之一(삼분의 일), 相比之下(그것과 비교하면), 两者之间(둘 사이), 总而言之(전체적으로 말하자면), 总之(그러므로)

008 越来越多的家长希望通过出国留学来提高孩子的自身价值。
Yuèláiyuè duō de jiāzhǎng xīwàng tōngguò chūguó liúxué lái tígāo háizi de zìshēn jiàzhí.

점점 많은 학부모들은 해외 유학을 통해 아이의 가치를 높이기를 희망합니다.

· 价值 : 예) 营养价值(영양가), 商品价值(상품가치), 实现人生价值(인생의 가치를 실현하다), 毫无价值(전혀 가치가 없다)

009 培养孩子独立生活的能力，对以后适应社会生活有很大帮助。
Péiyǎng háizi dúlì shēnghuó de nénglì, duì yǐhòu shìyīng shèhuì shēnghuó yǒu hěn dà bāngzhù.

자녀가 독립적인 생활 능력을 갖도록 하는 것은, 나중에 사회생활에 적응하는 데 매우 큰 도움이 됩니다.

· 独立 : 예) 独立工作(독립적으로 일하다), 在经济上独立(경제적 독립), 学会独立(독립하는 것을 배우다)

010 需要帮助时家人都不在身边，遇到什么问题都要自己面对。
Xūyào bāngzhù shí jiārén dōu búzài shēnbiān, yùdào shénme wèntí dōu yào zìjǐ miànduì.

도움이 필요할 때 가족이 모두 곁에 있지 않으면, 어떤 문제에 부딪히더라도 스스로 직면해야 합니다.

· 面对 : 예) 面对困难(어려움에 직면하다), 面对挑战(도전에 직면하다), 面对危机(위기에 직면하다)

练习 연습

★ 문제의 핵심 Point를 이해하고, 제시된 단어를 활용하여 첫시작과 끝맺음을 주의하며 자유롭게 대답해 봅시다.

为了上大学, 送孩子去很多的补习班, 对这种做法, 请谈谈你的看法。
Wèile shàng dàxué, sòng háizi qù hěn duō de bǔxíbān, duì zhèzhǒng zuòfǎ, qǐng tántan nǐ de kànfǎ.

期待	望子成龙	补习班	强迫	培养	有利于
qīdài	wàngzǐchénglóng	bǔxíbān	qiángpò	péiyǎng	yǒulìyú

你们国家家庭支出中, 教育费恰当吗?
Nǐmen guójiā jiātíng zhīchū zhōng, jiàoyùfèi qiàdāng ma?

随着	竞争	参加	座右铭	支出	经济负担
suízhe	jìngzhēng	cānjiā	zuòyòumíng	zhīchū	jīngjì fùdān

请你谈谈送孩子去外国留学的长短处。
Qǐng nǐ tántan sòng háizi qù wàiguó liúxué de chángduǎnchù.

全球化	选择	提高	适应	需要	面对
quánqiúhuà	xuǎnzé	tígāo	shìyīng	xūyào	miànduì

现在很多年轻的父母过分溺爱孩子, 你对这种现象怎么看?
Xiànzài hěn duō niánqīng de fùmǔ guòfèn nì'ài háizi, nǐ duì zhèzhǒng xiànxiàng zěnme kàn?

关心	溺爱	造成	不利于	培养	品质
guānxīn	nì'ài	zàochéng	búlìyú	péiyǎng	pǐnzhì

对孩子表扬和批评, 你认为哪个更重要?
Duì háizi biǎoyáng hé pīpíng, nǐ rènwéi nǎge gèng zhòngyào?

仁者见仁	智者见智	不如	有利于	犯错	批评
rénzhějiànrén	zhìzhějiànzhì	bùrú	yǒulìyú	fàn cuò	pīpíng

04. 生活 생활

001 最近时代变了，"男主外，女主内"的传统观念也发生了改变。
Zuìjìn shídài biàn le, "nánzhǔwài, nǚzhǔnèi"de chuántǒng guānniàn yě fāshēng le gǎibiàn.

최근 시대가 변하면서, "남자는 밖에서 일하고, 여자는 집에서 살림한다" 는 전통 관념도 바뀌었습니다.

· 观念：예) 家庭观念(가정 관념), 婚姻观念(결혼 관념), 思想观念(사상 관념)

002 现在提倡男女平等，这是社会文明进步的体现。
Xiànzài tíchàng nánnǚ píngděng, zhè shì shèhuì wénmíng jìnbù de tǐxiàn.

현재 남녀평등을 장려하는 것은, 사회문명 진보의 구현입니다.

· 提倡：사물의 장점을 알리고, 실행하도록 장려함을 표현할 때
예) 提倡勤俭节约(근검절약을 장려하다), 提倡晚婚晚育(늦게 결혼하고 늦게 출산하는 것을 장려하다), 提倡环保(환경보호를 장려하다)

003 我觉得爱情不分年龄、不分国界。只要两个人相爱，就不是问题。
Wǒ juéde àiqíng bùfēn niánlíng、bùfēn guójiè. Zhǐyào liǎng ge rén xiāng'ài, jiù bú shì wèntí.

저는 사랑은 나이를 가르지 않고 국경을 가르지 않는다고 생각합니다.
단지 두 사람이 서로 사랑하는 한 문제가 되지 않습니다.

· 不分：예) 不分男女老少(남녀노소를 가르지 않는다), 不分国籍(국적을 가르지 않는다),
不分富贵贫贱(부귀빈천을 가르지 않는다), 不分美丑(아름다움과 추함을 구분하지 않는다)

004 因为语言和文化方面存在障碍，导致生活没那么顺坦。
Yīnwèi yǔyán hé wénhuà fāngmiàn cúnzài zhàng'ài, dǎozhì shēnghuó méi nàme shùntǎn.

언어와 문화 방면에 장애가 존재하여, 생활이 그렇게 순탄하지 못했습니다.

· 存在：예) 存在意见分歧(의견 차이가 있다), 依然存在(여전히 존재하다), 客观存在(객관적으로 존재하다)

005 在现在这样充满竞争与压力的社会，幸福稳定是一种奢望。
Zài xiànzài zhèyàng chōngmǎn jìngzhēng yǔ yālì de shèhuì, xìngfú wěndìng shì yì zhǒng shēwàng.

지금처럼 경쟁과 스트레스로 가득 찬 사회에서, 행복의 안정은 과욕입니다.

· 充满：충분히 가지고 있음을 표현할 때
예) 充满自信(자신감이 가득차다), 充满活力(활력이 넘치다), 充满希望和梦想(꿈과 희망이 가득차다)

04. 生活 생활

006 受经济低迷和失业率高影响，年轻人更喜欢单身生活。
Shòu jīngjì dīmí hé shīyèlǜ gāo yǐngxiǎng, niánqīngrén gèng xǐhuan dānshēn shēng huó.

경기 침체와 높은 실업률의 영향으로, 젊은이들은 혼자 사는 것을 더 선호합니다.

· 影响 : 예) 影响学习和工作(학습과 업무에 영향을 주다), 影响健康(건강에 영향을 주다),
　　　　 影响经济发展(경제 발전에 영향을 주다), 受环境的影响(환경의 영향을 받다),

007 两代人生活习惯和思维方式都不一样，住在一起会有代沟。
Liǎng dài rén shēnghuó xíguàn hé sīwéi fāngshì dōu bù yíyàng, zhù zài yìqǐ huì yǒu dàigōu.

두 세대 모두 생활 습관과 사고방식이 다르며, 함께 살면 세대 차이가 날 수 있습니다.

· 有代沟 : '세대차가 있다' 의미
· 고득점 tip : 发生冲突(충돌이 발생하다), 产生矛盾(갈등이 발생하다), 发生摩擦(마찰이 발생하다)
　　　　　　 point 부분 대체 사용

008 我们做儿女的，平时应该多关心多体谅父母才对。
Wǒmen zuò érnǚ de, píngshí yīnggāi duō guānxīn duō tǐliàng fùmǔ cái duì.

(저희는) 자녀로서, 평소에 부모님을 많이 이해하고 관심 갖는 것이 맞습니다.

· 关心 : 예) 关心孩子和老人(아이와 노인에게 관심을 갖다), 关心国家大事(국가 대사에 관심을 갖다),
　　　　 关心下属(부하에게 관심을 갖다)

009 国家应该利用福利手段，给老人提供经济上的保障。
Guójiā yīnggāi lìyòng fúlì shǒuduàn, gěi lǎorén tígòng jīngjì shang de bǎozhàng.

국가는 복지 수단을 이용하여, 노인들에게 경제적 보장을 제공해야 합니다.

· 提供 호응 단어 : 提供援助(지원을 제공하다), 提供信息(정보를 제공하다), 提供食宿(숙식을 제공하다)

010 老龄化问题会增加政府支出，不利于再生产和经济的发展。
Lǎolínghuà wèntí huì zēngjiā zhèngfǔ zhīchū, búlìyú zàishēng chǎn hé jīngjì de fāzhǎn.

고령화 문제는 정부 지출을 증가시키고, 재생산과 경제 발전에 이롭지 않습니다.

· 不利于 : '~에 이롭지 않다', '~좋지 않다' 의미
　 예) 不利于身体健康(건강에 좋지 않다), 不利于孩子的健康成长(아이들의 건강한 성장에 이롭지 않다),
　　　 不利于环保(환경 보호에 좋지 않다)

练习 연습

★ 문제의 핵심 Point를 이해하고, 제시된 단어를 활용하여 첫시작과 끝맺음을 주의하며 자유롭게 대답해 봅시다.

随着老人人口越来越多, 会发生什么社会问题?
Suízhe lǎorén rénkǒu yuèláiyuè duō, huì fāshēng shénme shèhuì wèntí?

避免	严重	增加	不利于	延长	提供
bìmiǎn	yánzhòng	zēngjiā	búlìyú	yáncháng	tígòng

请谈谈最近你们国家年轻人的婚姻观。
Qǐng tántan zuìjìn nǐmen guójiā niánqīngrén de hūnyīnguān.

社会	奢望	影响	不同	单身	精力
shèhuì	shēwàng	yǐngxiǎng	bùtóng	dānshēn	jīnglì

丈夫在家做家务, 妻子在外边工作赚钱, 你怎么看?
Zhàngfu zài jiā zuò jiāwù, qīzi zài wàibian gōngzuò zhuànqián, nǐ zěnme kàn?

时代	观念	提高	提倡	能力	进步
shídài	guānniàn	tígāo	tíchàng	nénglì	jìnbù

你怎么看待国际婚姻?
Nǐ zěnme kàndài guójì hūnyīn?

不分	相爱	问题	障碍	顺坦	理解
bùfēn	xiāng'ài	wèntí	zhàng'ài	shùntǎn	lǐjiě

你们国家年轻人和老年人代沟大吗?
Nǐmen guójiā niánqīngrén hé lǎoniánrén dàigōu dà ma?

方式	代沟	摩擦	关心	增进	加强
fāngshì	dàigōu	mócā	guānxīn	zēngjìn	jiāqiáng

05. 经济 경제

001 最近十几年,房价一直很贵,而且还在持续**上涨**。
Zuìjìn shí jǐ nián, fángjià yìzhí hěn guì, érqiě hái zài chíxù **shàngzhǎng**.

최근 십여 년 동안, 집값은 계속 너무 비싸고, 게다가 여전히 계속 오르고 있습니다.

- 上涨 : '(수위, 가격 등)오르다' 의미
  예) 物价不断上涨(물가가 끊임없이 오르다), 股市上涨(주가가 오르다)

002 租房子既不划算,又没有安全感。所以大部分人选择**贷款**买房。
Zū fángzi jì bù huásuàn, yòu méiyǒu ānquángǎn. Suǒyǐ dàbùfen rén xuǎnzé **dàikuǎn** mǎi fáng.

집을 렌트하는 것은 수지타산이 맞지 않고, 안정감도 없습니다.
그래서 대부분의 사람들은 대출을 받아 집을 사는 것을 선택합니다.

- 贷款 호응 단어 : 偿还贷款(대출금을 상환하다), 申请贷款(대출 신청하다), 低息贷款(저리 대출)

003 "月光**族**"基本上是挣多少花多少,甚至喜欢用信用卡提前消费。
"Yuèguāng**zú**" jīběnshang shì zhèng duōshao huā duōshao, shènzhì xǐhuan yòng xìnyòngkǎ tíqián xiāofèi.

"월광족(매달 자신의 월수입을 다 써버리는 사람들)"은 기본적으로 버는 만큼 쓰고, 심지어 신용카드로 미리 소비하는 것을 선호합니다.

- ~族 : 어떠한 공통성이 있는 큰 분류의 사물 혹은 사람을 표현할 때
  예) 上班族(직장인), 工薪族(월급쟁이), 啃老族(캥거루족, 부모님에게 경제적으로 의존하는 젊은이들),
  低头族(고개 숙여 스마트 폰만 보는 사람들), 追星族(열성팬)

004 这么做的结果是经常有一大堆**债务**缠身,身心都会很疲惫。
Zhème zuò de jiéguǒ shì jīngcháng yǒu yí dà duī **zhàiwù** chánshēn, shēnxīn dōu huì hěn píbèi.

이러한 결과는 자주 빚더미에 올라앉아, 몸도 마음도 피곤하게 할 수 있습니다.

- 债务 호응 단어 : 无法偿还债务(빚을 갚을 수 없다), 还清债务(빚을 깨끗이 갚다),
  负债累累(빚이 산더미이다)

005 我们平时应该养成**节俭**的好习惯,以备不时之需。
Wǒmen píngshí yīnggāi yǎngchéng **jiéjiǎn** de hǎo xíguàn, yǐ bèi bùshízhīxū.

저희는 평소에 절약하는 좋은 습관을 길러서, 불시의 필요에 대비해야 합니다.

- 节俭 : '절약하다' 의미
  예) 学会节俭(절약하는 것을 배우다), 节俭是一种美德(절약은 일종의 미덕이다),
  节俭和精打细算(절약하며 꼼꼼하게 계산하다)
- 고득점 tip : 勤俭节约(근검절약하다) point된 부분 대체 사용

006 为了以后能更好地度过晚年，经济条件也非常重要。
Wèile yǐhòu néng gèng hǎo de dùguò wǎnnián, jīngjì tiáojiàn yě fēicháng zhòngyào.

나중에 노후를 더 잘 보내기 위해서는, 경제 여건도 매우 중요합니다.

· 度过 : 예) 度过余生(여생을 보내다), 度过每一天(매년을 보내다), 度过美好的时光(좋은 시절을 보내다)

007 每个月固定储蓄，交养老、医疗等保险，都是晚年的经济保障。
Měi ge yuè gùdìng chǔxù, jiāo yǎnglǎo、yīliáo děng bǎoxiǎn, dōu shì wǎnnián de jīngjì bǎozhàng.

매달 고정적인 저축과 노후, 의료 보험 등을 내는 것은, 노후의 경제적 보장입니다.

· 交 : '제출하다', '납부하다' 의미
  예) 交报告(보고서를 제출하다), 交作业(숙제를 제출하다), 交会费(회비를 내다),
      交税(세금을 내다), 交给经理(사장님에게 건네다, 제출하다)

008 记帐可以摸清收入、支出的具体情况，才能有计划地花钱。
Jì zhàng kěyǐ mōqīng shōurù、zhīchū de jùtǐ qíngkuàng, cái néng yǒu jìhuà de huā qián.

장부에 기입하는 것은 수입, 지출의 구체적인 상황을 분명하게 파악할 수 있습니다, 이렇게 해야 계획적으로 돈을 쓸 수 있습니다.

· 有计划地+동사 : '계획적으로 ~하다'의미
  예) 有计划地消费(계획적으로 소비하다), 有计划地工作和休息(계획적으로 일하고 쉬다),
      有计划地进行 (계획적으로 진행하다)

009 结婚时需要有一定的经济基础，这是幸福生活的重要条件。
Jiéhūn shí xūyào yǒu yídìng de jīngjì jīchǔ, zhè shì xìngfú shēnghuó de zhòngyào tiáojiàn.

결혼을 할 때 어느 정도 경제적 기초가 있어야 합니다, 이것은 행복한 삶의 중요한 조건입니다.

· 基础 : 예) 母语是学习外语的基础(모국어는 외국어를 배우는 기초이다),
         学习基础知识(기초 지식을 배우다), 打下良好的基础(좋은 기초를 닦다)

010 每个父母都希望子女生活幸福，所以给予金钱物质上的帮助。
Měi ge fùmǔ dōu xīwàng zǐnǚ shēnghuó xìngfú, suǒyǐ jǐyǔ jīnqián wùzhì shang de bāngzhù.

모든 부모들은 자녀들이 행복하게 살기를 원하기 때문에, 금전적, 물질적인 도움을 줍니다.

· 给予 : 예) 给予人道主义援助(인도적 지원을 하다), 给予鼓励和表扬(격려와 칭찬을 해 주다),
         给予回报(보답하다)

练习 연습

★ 문제의 핵심 Point를 이해하고, 제시된 단어를 활용하여 첫시작과 끝맺음을 주의하며 자유롭게 대답해 봅시다.

结婚的时候，应该重视对方的经济条件吗？
Jiéhūn de shíhou, yīnggāi zhòngshì duìfāng de jīngjì tiáojiàn ma?

不景气	高昂	重视	除了	经济	幸福
bújǐngqì	gāo'áng	zhòngshì	chúle	jīngjì	xìngfú

年轻人结婚以前，父母给予金钱上的帮助，你怎么看？
Niánqīngrén jiéhūn yǐqián, fùmǔ jǐyǔ jīnqián shang de bāngzhù, nǐ zěnme kàn?

仁者见仁	智者见智	同意	俗话说	希望	节俭	以备
rénzhějiànrén	zhìzhějiànzhì	tóngyì	súhuà shuō	xīwàng	jiéjiǎn	yǐbèi

---

你有记录收入和支出的习惯吗？
Nǐ yǒu jìlù shōurù hé zhīchū de xíguàn ma?

有规律	后顾之忧	乱	记录	有计划	节省
yǒu guīlǜ	hòugùzhīyōu	luàn	jìlù	yǒu jìhuà	jiéshěng

请谈谈你对月光族的看法。
Qǐng tántan nǐ duì yuèguāngzú de kànfǎ.

反对	大手大脚	消费	债务	疲惫	将来
fǎnduì	dàshǒudàjiǎo	xiāofèi	zhàiwù	píbèi	jiānglái

你们国家的房价贵吗？
Nǐmen guójiā de fángjià guì ma?

最近	贵	上涨	租房	贷款	居住
zuìjìn	guì	shàngzhǎng	zūfáng	dàikuǎn	jūzhù

06. 科技 과학 기술

001 现代人的工作、生活、娱乐等都离不开手机，电视和网络。
Xiàndài rén de gōngzuò、shēnghuó、yúlè děng dōu lí bu kāi shǒujī, diànshì hé wǎngluò.

현대인의 일, 생활, 오락 등은 휴대폰, TV, 인터넷을 빼놓을 수 없습니다.

· 离开 : '떼어 놓다' 의미
  예) 离开父母去留学(부모를 떠나 유학을 간다), 生活离不开金钱(생활은 돈과 떨어질 수 없다),
  离不开别人的帮助(남의 도움을 벗어날 수 없다)

002 网络的普及正在影响和改变着人们的生活观和价值观。
Wǎngluò de pǔjí zhèngzài yǐngxiǎng hé gǎibiàn zhe rénmen de shēnghuóguān hé jiàzhíguān.

인터넷의 보급은 사람들의 생활관과 가치관에 영향을 주고 변화하도록 하고 있습니다.

· 观 : 객관적 사물에 대한 인식과 태도를 표현할 때
  예) 人生观(인생관), 教育观(교육관), 世界观(세계관), 乐观(낙관적이다)

003 网络聊天儿拉近了人与人的距离，尤其受到宅男宅女的喜爱。
Wǎngluò liáotiānr lājìn le rén yǔ rén de jùlí, yóuqí shòudào zháinán zháinǚ de xǐ'ài.

인터넷 채팅은 사람간의 거리를 좁히고 있고, 특히 집돌이 집순이들의 사랑을 받고 있습니다.

· 宅男宅女 : 오랫동안 집밖을 나가지 않는 사람을 표현할 때
· 비슷한 표현 : 御宅族(오타쿠)
· 관련 신조어 : 剩男剩女(노총각 노처녀), 高富帅(엄친아), 白富美(엄친딸)

004 一旦让青少年接触到不良信息，那么会对孩子造成负面影响。
Yídàn ràng qīngshàonián jiēchù dào bùliáng xìnxī, nàme huì duì háizi zàochéng fùmiàn yǐngxiǎng.

(일단) 청소년이 나쁜 정보에 노출되면, 아이에게 부정적인 영향을 미칩니다.

· 一旦 : 아직 일어나지 않은 가정의 상황을 표현할 때
  예) 机会一旦错过, 就不会再来(기회를 일단 놓치면 다시 오지 않는다), 时机一旦成熟(일단 때가 되면)

005 让孩子远离暴力游戏、动画片及电影。不要让孩子沉迷于网络。
Ràng háizi yuǎnlí bàolì yóuxì、dònghuàpiàn jí diànyǐng. Búyào ràng háizi chénmíyú wǎngluò.

아이를 폭력적인 게임, 애니메이션 및 영화로부터 멀어지게 해야합니다.
인터넷에 깊이 빠지지 않도록 해야합니다.

· 沉迷于 : '~에 깊이 빠지다', '중독되다' 의미
  예) 沉迷于电脑游戏(컴퓨터 게임에 깊이 빠지다), 沉迷于玩乐(유흥에 깊이 빠지다),
  沉迷于赌博(도박에 깊이 빠지다)

06. 科技 과학 기술

006 网络学习可以在任何地方接受教育，能灵活有效地学习。
Wǎngluò xuéxí kěyǐ zài rènhé dìfang jiēshòu jiàoyù, néng línghuó yǒuxiào de xuéxí.

인터넷 학습은 어디(어떤 장소)에서나 교육을 받을 수 있으며, 융통적이고 효과적으로 학습할 수 있습니다.

· 任何 호응 단어 : 任何时间(어떤 시간), 任何困难(어떤 어려움), 任何人(어떤 사람)

007 科技的发展改善了人们的生活，对就业方面的影响日益明显。
Kējì de fāzhǎn gǎishàn le rénmen de shēnghuó, duì jiùyè fāngmiàn de yǐnxiǎng rìyì míngxiǎn.

과학기술의 발전은 사람들의 생활을 개선시켰고, 취업 방면에 미치는 영향은 날로 뚜렷해지고 있습니다.

· 日益 : 정도가 하루 하루 더 높아짐을 표현할 때
  예) 污染日益严重(오염이 날로 심각해지다), 生活日益改善(생활이 날로 개선되다),
  日益增多(날로 증가하다), 日益多样化(날로 다양해지다)

008 一些不需要创造力的工种正出现被人工智能所替代的迹象。
Yīxiē bù xūyào chuàngzàolì de gōngzhǒng zhèng chūxiàn bèi réngōng zhìnéng suǒ tìdài de jìxiàng.

창의력이 필요 없는 일부 직종은 인공지능으로 대체될 조짐을 보이고 있습니다.

· 替代 = 取代 = 代替
  예) 被机器人替代(로봇으로 대체되다), 手机取代电脑(휴대폰이 컴퓨터를 대체하다),
  不可代替(대체할 수 없다)

009 医学发展的好处是显而易见的，可以治疗各种疾病，延长寿命。
Yīxué fāzhǎn de hǎochù shì xiǎn'éryìjiàn de, kěyǐ zhìliáo gèzhǒng jíbìng, yáncháng shòumìng.

의학 발전의 이점은 명백히 알 수 있습니다, 각 종 질병을 치료하고, 수명을 연장할 수 있습니다.

· 자주 사용되는 표현 : 预防疾病(질병을 예방하다),
  各种疾病 - 癌症, 高血压, 糖尿病等等(각종 질병-암, 고혈압, 당뇨병 등등)

010 医学的进步在保障和改善人类健康方面发挥了巨大作用。
Yīxué de jìnbù zài bǎozhàng hé gǎishàn rénlèi jiànkāng fāngmiàn fāhuī le jùdà zuòyòng.

의학의 발전은 인간의 건강을 보장하고 개선하는 데 큰 역할을 했습니다.

· 保障 : '(생명, 재산, 권리 등)을 보호하다'의미
  예) 保障言论自由(언론의 자유를 보장하다), 得到保障(보장을 받다),
  保障资源的合理利用(자원의 합리적인 이용을 보장하다)

练习 연습

★ 문제의 핵심 Point를 이해하고, 제시된 단어를 활용하여 첫시작과 끝맺음을 주의하며 자유롭게 대답해 봅시다.

因特网的发展，给我们的生活带来了什么影响？
Yīntèwǎng de fāzhǎn, gěi wǒmen de shēnghuó dàilái le shénme yǐngxiǎng?

重要	离不开	改变	方便	负面	沉迷
zhòngyào	lí bu kāi	gǎibiàn	fāngbiàn	fùmiàn	chénmí

最近很多人通过上网聊天儿结识朋友，你对这种现象怎么看？
Zuìjìn hěn duō rén tōngguò shàngwǎng liáotiānr jiéshí péngyou, nǐ duì zhèzhǒng xiànxiàng zěnme kàn?

随着	改变	选择	交流	拉近	受骗
suízhe	gǎibiàn	xuǎnzé	jiāoliú	lājìn	shòupiàn

你对不去补习班，在网络学习的做法怎么看？
Nǐ duì bú qù bǔxíbān, zài wǎngluò xuéxí de zuòfǎ zěnme kàn?

时代	普及	改变	欢迎	接受	有效
shídài	pǔjí	gǎibiàn	huānyíng	jiēshòu	yǒuxiào

我们的生活中，未来机器人能代替人的工作吗？
Wǒmen de shēnghuó zhōng, wèilái jīqìrén néng dàitì rén de gōngzuò ma?

随着	改变	改善	影响	替代	提高
suízhe	gǎibiàn	gǎishàn	yǐngxiǎng	tìdài	tígāo

请你说说医学的发展给人们带来了什么好处？
Qǐng nǐ shuōshuo yīxué de fāzhǎn gěi rénmen dàilái le shénme hǎochù?

显而易见	治疗	等等	延长	总而言之	发挥
xiǎn'éryìjiàn	zhìliáo	děngděng	yáncháng	zǒngéryánzhī	fāhuī

제5부분 06. 科技 과학 기술

07. 健康 건강

001 吸烟的危害很多，会导致各种疾病，威胁吸烟者的健康和生命。
Xīyān de wēihài hěn duō, huì dǎozhì gèzhǒng jíbìng, wēixié xīyānzhě de jiànkāng hé shēngmìng.

흡연의 위험은 매우 많아서, 각종 질병을 초래하고, 흡연자의 건강과 생명을 위협할 수 있습니다.

- 威胁 : (어떤 요소가)위험을 초래함을 표현할 때
  예) 威胁到了动物的生存(동물의 생존을 위협했다),
  全球生态面临严重威胁(전 세계 생태가 직면하고 있는 심각한 위협)

002 吸烟害人害己，为了他人和自己的健康，我们应该提倡戒烟。
Xīyān hàirénhàijǐ, wèile tārén hé zìjǐ de jiànkāng, wǒmen yīnggāi tíchàng jièyān.

흡연은 타인과 자신을 해칩니다, 타인과 자신의 건강을 위해, 저희는 금연(담배를 끊음)을 장려해야 합니다.

- 戒 : '(나쁜 습관을) 없애다, 끊다' 의미
  예) 戒酒(술을 끊다), 戒毒(마약을 끊다), 戒赌(도박을 끊다), 戒掉烟瘾(담배 중독을 끊어버리다)

003 可以根据自己的作息时间和消化情况，合理地调节饮食。
Kěyǐ gēnjù zìjǐ de zuòxī shíjiān hé xiāohuà qíngkuàng, hélǐ de tiáojié yǐnshí.

자신의 일, 휴식시간과 소화 상황에 따라, 식사를 합리적으로 조절할 수 있습니다.

- 根据 : 동작 행위의 근거를 표현할 때
  예) 根据科学研究(과학 연구에 근거하여), 根据理论(이론에 근거하여), 根据实际情况(실제 상황에 따라)

004 采取每顿少吃点，但多加一餐的方法，既吃得饱，又健康。
Cǎiqǔ měi dùn shǎo chī diǎn, dàn duō jiā yì cān de fāngfǎ, jì chī de bǎo, yòu jiànkāng.

매 끼니마다 조금씩 먹고, 한 끼를 더먹는 방법을 택하면, 배도 부르고 건강하다.

- 采取 : (방침, 정책, 방법, 행동 등) 선택의 실행을 표현할 때
  예) 政府应该采取一些措施(정부는 약간의 조치를 취해야 한다),
  采取一切办法(모든 방법을 취하다), 采取行动(행동을 취하다)

005 自从开始工作以来，每天忙着上班，所以没有时间锻炼身体。
Zìcóng kāishǐ gōngzuò yǐlái, měitiān máng zhe shàngbān, suǒyǐ méiyǒu shíjiān duànliàn shēntǐ.

일을 시작한 이래로, 매일 출근하느라 바빠서, 운동할 시간이 없습니다.

- 忙着+동사 : 예) 忙着挣钱(돈 버느라 바쁘다), 忙着养家糊口(가족을 부양하느라 바쁘다),
  忙着玩儿游戏(게임 하느라 바쁘다)

006 喜欢暴饮暴食，一下子摄取过量食物，不宜消化，也会导致肥胖。
Xǐhuan bàoyǐnbàoshí, yíxiàzi shèqǔ guòliàng shíwù, bùyí xiāohuà, yě huì dǎozhì féipàng.

폭음 폭식을 좋아하고, 한꺼번에 과식(섭취)을 하면, 소화가 되지 않고, 비만도 초래하기도 합니다.

· 摄取 : '(영양, 음식 등)섭취하다' 의미,
  예) 多摄取蔬菜水果(채소와 과일을 많이 섭취하다), 充分摄取营养(영양 섭취를 충분히 하다),
  摄取过多的卡路里(과다한 칼로리를 섭취하다)

007 酒是人际交往中的润滑剂，适当地饮酒，能活跃酒桌上的气氛。
Jiǔ shì rénjì jiāowǎng zhōng de rùnhuájì, shìdàng de yǐnjiǔ, néng huóyuè jiǔzhuō shang de qìfēn.

술은 대인 관계의 윤활류로, 적당히 술을 마시면, 술자리의 분위기를 띄울 수 있습니다.

· 适当 : 예) 适当地放松一下(좀 적당히 느긋하게 하다), 需要适当的休息(적당한 휴식이 필요하다),
  掌握适当的分寸(적당한 분수를 파악하다)

008 长期喝酒的危害是众所周知的，所以酗酒的人应当及早戒酒。
Chángqī hē jiǔ de wēihài shì zhòngsuǒzhōuzhī de, suǒyǐ xùjiǔ de rén yīngdāng jízǎo jièjiǔ.

장기 음주의 해로움은 잘 알려져 있으므로, 폭음하는 사람은 반드시 일찌감치 술을 끊어야 합니다.

· 及早 : 예) 及早发现(조기 발견), 诊断并治疗(조기 진단 및 치료),
  及早认识到危害(일찌감치 위해를 인식하다)

009 饮食不规律，睡眠质量也不高，这是白领一族的生活状态。
Yǐnshí bù guīlǜ, shuìmián zhìliàng yě bù gāo, zhè shì báilǐng yìzú de shēnghuó zhuàngtài.

식사가 불규칙하고, 수면의 질도 높지 않는 것은, 사무직(화이트칼라)의 생활상태입니다.

· 白领 : '화이트칼라'의미(반대어 : 蓝领 블루칼라)
  예) 白领阶层(화이트칼라 계층) 白领工作者(화이트칼라 종사자), 当白领(화이트칼라가 되다)

010 生活的方方面面都会让人产生压力，无法获得良好的睡眠。
Shēnghuó de fāngfāngmiànmiàn dōu huì ràng rén chǎnshēng yālì, wúfǎ huòdé liánghǎo de shuìmián.

생활의 각 방면은 스트레스를 유발하고, 숙면을 제대로 취하지 못하게 합니다.

· 方方面面 : 예) 涉及生活的方方面面(생활의 각 방면에 관련되어 있다),
  方方面面都要考虑到(각 방면 모두 고려되어져야 한다)

练习 연습

⭐ 문제의 핵심 Point를 이해하고, 제시된 단어를 활용하여 첫시작과 끝맺음을 주의하며 자유롭게 대답해 봅시다.

禁烟场所越来越多, 你对这种现象怎么看?
Jìnyān chǎngsuǒ yuèláiyuè duō, nǐ duì zhèzhǒng xiànxiàng zěnme kàn?

同意	危害	导致	二手烟	威胁	提倡
tóngyì	wēihài	dǎozhì	èrshǒuyān	wēixié	tíchàng

你认为肥胖的原因是什么?
Nǐ rènwéi féipàng de yuányīn shì shénme?

提高	改变	忙着	锻炼	摄取	肥胖
tígāo	gǎibiàn	máng zhe	duànliàn	shèqǔ	féipàng

睡眠不好, 原因是什么?
Shuìmián bù hǎo, yuányīn shì shénme?

充满	方方面面	压力	无法	睡眠	白领
Chōngmǎn	fāngfāngmiànmiàn	yālì	wúfǎ	shuìmián	báilǐng

你认为喝酒的优点多还是缺点多?
Nǐ rènwéi hē jiǔ de yōudiǎn duō háishi quēdiǎn duō?

仁者见仁	智者见智	适当	活跃	危害	导致	及早
rénzhějiànrén	zhìzhějiànzhì	shìdāng	huóyuè	wēihài	dǎozhì	jízǎo

---

有人说"少吃些对健康很好", 你怎么看?
Yǒurén shuō "shǎo chī xiē duì jiànkāng hěn hǎo", nǐ zěnme kàn?

暴食暴饮	导致	根据	调节	采取	健康
Bàoshíbàoyǐn	dǎozhì	gēnjù	tiáojié	cǎiqǔ	jiànkāng

08. 环保 환경보호

001 一次性用品引发的种种环境问题，受到了人们的广泛关注。
Yícìxìng yòngpǐn yǐnfā de zhǒngzhǒng huánjìng wèntí, shòudào le rénmen de guǎngfàn guānzhù.

일회용품이 일으키는 여러 가지 환경문제는, 사람들의 폭넓은 주목을 받았습니다.

· 引发 : 예) 引发严重的后果(심각한 결과를 일으키다), 引发兴趣(흥미를 일으키다),
　　　　　引发广泛关注(광범위한 주목을 일으키다)

002 国家实行并推广塑料袋收费制度将有助于减少白色污染。
Guójiā shíxíng bìng tuīguǎng sùliàodài shōufèi zhìdù jiāng yǒuzhùyú jiǎnshǎo báisè wūrǎn.

국가가 비닐봉지 요금제를 실행하고 보급하는 것은 백색 오염(폐비닐의 오염)을 줄이는 데 도움이 됩니다.

· 实行 : 예) 实行计划生育(산아제한 정책을 실행하다), 实行九年制义务教育(9년제 의무 교육을 실행하다),
　　　　　实行改革开放(개혁개방을 실행하다)

003 人人都要有时刻不忘保护环境的意识，从身边的小事做起。
Rénrén dōu yào yǒu shíkè bú wàng bǎohù huánjìng de yìshí, cóng shēnbiān de xiǎoshì zuò qǐ.

모든 사람들은 환경 보호 의식을 항상 잊지 말고, 주변의 작은 일에서부터 시작해야 합니다.

· 从~做起 : 예) 从现在做起(지금부터 시작하다), 从我做起(나부터 시작하다),
　　　　　　从生活中的一点一滴做起(생활 속의 작은 것 부터 시작하다)

004 光靠一个人的力量是杯水车薪，环保是我们大家共同的责任。
Guāng kào yí ge rén de lìliàng shì bēishuǐchēxīn, huánbǎo shì wǒmen dàjiā gòngtóng de zérèn.

한 사람의 힘만으로는 (기대는 것)계란으로 바위치기 입니다, 환경 보호는 저희 모두의 공동 책임입니다.

· 靠 호응 단어 : 靠父母(부모에게 의지하다), 靠容貌(외모에 기대다), 靠能力(능력에 기대다)

005 水资源很珍贵，为减少水污染，我们应该养成节约用水的习惯。
Shuǐzīyuán hěn zhēnguì, wèi jiǎnshǎo shuǐ wūrǎn, wǒmen yīnggāi yǎngchéng jiéyuē yòng shuǐ de xíguàn.

수자원이 매우 귀하므로, 저희는 물의 오염을 줄이기 위해, 물을 절약하는 습관을 길러야 합니다.

· 节约 호응 단어 : 节约用电(전기를 절약하다), 节约能源(에너지를 절약하다), 节约时间(시간을 절약하다)

08. 环保 환경보호

006 为了解决工厂的污水排放, 政府应该加大力度进行管理才行。
Wèile jiějué gōngchǎng de wūshuǐ páifàng, zhèngfǔ yīnggāi jiādà lìdù jìnxíng guǎnlǐ cái xíng.

공장의 오염수 방출을 해결하기 위해서는, 정부가 강도를 높여 관리를 진행해야 합니다.

· 进行 : 예) 进行深入调查和研究(심층 조사와 연구를 진행하다),
　　　　　 进行教育和批评(교육과 비판을 하다), 进行得很顺利(순조롭게 진행하다)

007 实行尾号限行制度也能减少废气的排放, 可以改善环境质量。
Shíxíng wěihào xiànxíng zhìdù yě néng jiǎnshǎo fèiqì de páifàng, kěyǐ gǎishàn huánjìng zhìliàng.

5부제 차량운행제한 역시 폐기가스의 배출을 감소할 수 있으며, 환경의 질을 개선할 수 있습니다.

· 减少 호응 단어 : 减少污染(오염을 감소하다), 减少课程(과정을 줄이다), 减少错误(오류를 줄이다)

008 室内要自然通风, 少开空调。随手关灯, 节约能源, 从我做起。
Shìnèi yào zìrán tōngfēng, shǎo kāi kōngtiáo. Suíshǒu guāndēng, jiéyuē néngyuán, cóng wǒ zuò qǐ.

실내는 자연적으로 통풍이 잘 되도록 하고, 에어컨을 적게 틀어야 합니다. 즉시(손이 닿는대로) 불을 끄고 에너지를 절약하기를 나부터 시작합니다.

· 随手 : ' 즉시~', '손이 닿는대로' 의미,
　　 예) 随手关上水龙头(즉시 수도꼭지를 잠그다), 随手乱扔垃圾(쓰레기를 닥치는 대로 버리다)

009 一些人为了谋取私利猎杀珍贵稀有动物, 实在让人感到痛心。
Yìxiē rén wèile móuqǔ sīlì lièshā zhēnguì xīyǒu dòngwù, shízài ràng rén gǎndào tòngxīn.

몇몇 사람들이 개인적인 이익을 위해 희귀 동물 사냥을 꾀합니다, 정말 가슴이 아픕니다.

· 비슷한 표현 : 牟取 도모하다(정당하지 못한 일에 많이 사용)
　 예) 谋取利益(이익을 꾀하다), 谋取幸福(행복을 도모하다), 谋取职位(직위를 얻다), 牟取暴利(폭리를 꾀하다)

010 爱护野生动物是人类的一种美德, 是每个人义不容辞的责任。
Àihù yěshēng dòngwù shì rénlèi de yì zhǒng měidé, shì měi ge rén yìbùróngcí de zérèn.

야생동물을 사랑하고 보호하는 것은 인류의 일종의 미덕이며, 모든 사람의 의로운 책임입니다.

· 是~一种美德 : '일종의 미덕이다' 의미
· 자주 사용되는 표현 : 助人为乐/谦虚/尊老爱幼/孝顺父母是一种美德
　　　　　　　　　　　 (남을 돕는 것을 즐거움으로/겸손하게/노인을 존경하고 어린이를 사랑하며/
　　　　　　　　　　　 부모에게 효도하는 것은 일종의 미덕이다), 传统美德(전통 미덕)

练习 연습

★ 문제의 핵심 Point를 이해하고, 제시된 단어를 활용하여 첫시작과 끝맺음을 주의하며 자유롭게 대답해 봅시다.

你认为多建动物园，可以保护野生动物吗？
Nǐ rènwéi duō jiàn dòngwùyuán, kěyǐ bǎohù yěshēng dòngwù ma?

| 同意 | 私利 | 猎杀 | 痛心 | 美德 | 责任 |
| tóngyì | sīlì | lièshā | tòngxīn | měidé | zérèn |

为了减少水污染，我们应该做什么？
Wèile jiǎnshǎo shuǐwūrǎn, wǒmen yīnggāi zuò shénme?

| 珍贵 | 污染 | 节约 | 污水 | 管理 | 责任 |
| Zhēnguì | wūrǎn | jiéyuē | wūshuǐ | guǎnlǐ | zérèn |

最近超市买东西的时候，要花钱买塑料袋。你觉得这对保护环境有帮助吗？
Zuìjìn chāoshì mǎi dōngxi de shíhou, yào huā qián mǎi sùliàodài. Nǐ juéde zhè duì bǎohù huánjìng yǒu bāngzhù ma?

| 一次性用品 | 关注 | 实行 | 收费 | 有助于 | 人人 |
| yícìxìng yòngpǐn | guānzhù | shíxíng | shōufèi | yǒuzhùyú | rénrén |

你认为为了减少垃圾污染，我们应该怎么做？
Nǐ rènwéi wèile jiǎnshǎo lājī wūrǎn, wǒmen yīnggāi zěnme zuò?

| 靠 | 责任 | 为了 | 一次性用品 | 意识 | 保护 |
| kào | zérèn | wèile | yícìxìng yòngpǐn | yìshí | bǎohù |

最近私家车越来越多，你对这种现象怎么看？
Zuìjìn sījiāchē yuèláiyuè duō, nǐ duì zhèzhǒng xiànxiàng zěnme kàn?

| 普及 | 堵车 | 导致 | 实行 | 解决 | 减少 |
| pǔjí | dǔchē | dǎozhì | shíxíng | jiějué | jiǎnshǎo |

09. 国家 국가

001 韩国经济保持了多年的高速增长，已经跻身于发达国家行列。
Hánguó jīngjì bǎochí le duō nián de gāosù zēngzhǎng, yǐjing jīshēn yú fādá guójiā hángliè.

한국 경제는 여러 해 동안 고도성장을 계속하여, 이미 선진국 대열에 올랐습니다.

- 跻身 : '(행열, 경계, 위치에) 들어서다, 오르다'의미
  예) 跻身四强(4강에 들다), 跻身世界前十(세계 탑 10위에 들다),
  跻身于世界经济大国之林 (세계 경제 대국의 대열에 들다)

002 韩国经济增长潜力正在下滑，政府也在积极寻找相应的对策。
Hánguó jīngjì zēngzhǎng qiánlì zhèngzài xiàhuá, zhèngfǔ yě zài jījí xúnzhǎo xiāngyìng de duìcè.

한국의 경제 성장 잠재력이 떨어지고 있어, 정부도 그에 맞는 적극적인 대책 마련에 나서고 있습니다.

- 对策 : 해결해야 할 문제에 내놓은 방책이나 방법
- 对策 호응 단어 : 采取对策(대책을 강구하다), 商讨对策(대책을 논의하다), 拿出对策(대책을 내놓다)

003 尽管出台了一系列措施，但是社会贫富差距还是在逐渐加大。
Jǐnguǎn chūtái le yíxìliè cuòshī, dànshì shèhuì pínfù chājù háishi zài zhújiàn jiādà.

일련의 조치를 실시함에도 불구하고, 사회적 빈부격차는 여전히 점점 커지고 있습니다.

- 差距 호응 단어 : 消除差距(격차를 해소하다), 缩小差距(격차를 줄이다), 存在差距(격차가 존재하다)

004 高税收的国家可以提供全面的公共服务和普遍的安全保障。
Gāo shuìshōu de guójiā kěyǐ tígōng quánmiàn de gōnggòng fúwù hé pǔbiàn de ānquán bǎozhàng.

높은 세금을 내는 국가들은 전면적인 공공 서비스와 보편적인 안전 보장을 제공할 수 있습니다.

- 保障 : 예) 生活有保障(생활이 보장되다), 保障社会的安定(사회 안정이 보장되다),
  保障公民的合法权益(국민의 합법적 권익을 보장하다)

005 参加国内外志愿者，可以丰富社会经历，培养个人的奉献精神。
Cānjiā guónèiwài zhìyuànzhě, kěyǐ fēngfù shèhuì jīnglì, péiyǎng gèrén de fèngxiàn jīngshén.

국내외의 자원봉사에 참가하면, 사회 경험을 풍부하게 하고, 개인의 봉사 정신을 키울 수 있습니다.

- 经历 : 예) 工作经历(업무 경력), 生活经历(생활 경험), 难忘的经历(잊을 수 없는 경험)

006 受季风的影响，韩国经常遭受台风的袭击，会引起洪涝灾害。
Shòu jìfēng de yǐngxiǎng, Hánguó jīngcháng zāoshòu táifēng de xíjī, huì yǐnqǐ hónglào zāihài.

계절풍의 영향으로, 한국은 태풍의 피해를 자주 입어, 홍수와 침수 피해를 일으킬 수 있습니다.

· 遭受 : '(불행, 손해를)만나다, 입다'의미
· 遭受 호응 단어 : 遭受灾难(재난을 당하다), 遭受损失(손실을 입다), 遭受破坏(파괴되다)

007 选民积极参与投票，表明了国民对政治展现出了极大的关心。
Xuǎnmín jījí cānyù tóupiào, biǎomíng le guómín duì zhèngzhì zhǎnxiàn chū le jídà de guānxīn.

유권자의 적극적인 투표 참여는, 정치에 대한 국민의 관심이 지극히 크다는 것을 보여주었습니다.

· 参与 : 예) 人人参与(모든 사람이 참여하다), 重在参与(참여에 치중하다),
　　　　　全社会共同参与(사회 전체가 동참하다)

008 广大国民都应该关心政治，这样我们才能有清廉的社会风气。
Guǎngdà guómín dōu yīnggāi guānxīn zhèngzhì, zhèyàng wǒmen cái néng yǒu qīnglián de shèhuì fēngqì.

많은 국민이 정치에 관심을 가져야, 청렴한 사회 풍토가 정착될 수 있습니다.

· 风气 : (사회, 집단의) 풍조, 사회적 또는 어떤 집단에서 유행하는 취미나 습관을 표현할 때
　　　　예) 不良风气(좋지 않은 풍조), 传统风气(전통적인 풍조), 形成了风气(기풍이 형성되었다)

009 需要帮助的、困难的人总是很多，只依靠国家的力量是不够的。
Xūyào bāngzhù de、kùnnán de rén zǒngshì hěn duō, zhǐ yīkào guójiā de lìliàng shì búgòu de.

도움이 필요하고, 어려운 사람들은 항상 많으며, 단지 국가의 힘에 의존하는 것은 충분하지 않습니다.

· 依靠 : 예) 依靠政府(정부에 의존하다), 依靠科技进步(과학 기술의 진보에 의존하다),
　　　　　值得信赖和依靠 (믿고 의지할 가치가 있다)

010 为社会做一点儿贡献，帮助残疾人、老年人、孤儿和有困难的人。
Wèi shèhuì zuò yìdiǎnr gòngxiàn, bāngzhù cánjírén, lǎoniánrén, gū'ér hé yǒu kùnnán de rén.

사회에 조금이라도 기여하기 위해, 장애인, 노인, 고아, 그리고 어려움이 있는 사람들을 돕습니다.

· 贡献 : 예) 贡献出自己的微薄之力(자신의 미약한 힘을 바치다),
　　　　　为中韩友好作出贡献(한중 우호에 기여하다)

练习 연습

★ 문제의 핵심 Point를 이해하고, 제시된 단어를 활용하여 첫시작과 끝맺음을 주의하며 자유롭게 대답해 봅시다.

你们的国家的人关心政治吗?
Nǐmen de guójiā de rén guānxīn zhèngzhì ma?

关心	话题	参与	表明	应该	风气
guānxīn	huàtí	cānyù	biǎomíng	yīnggāi	fēngqì

你认为你们国家的经济发展快吗?
Nǐ rènwéi nǐmen guójiā de jīngjì fāzhǎn kuài ma?

保持	跻身	收入	稳定	下滑	对策
bǎochí	jīshēn	shōurù	wěndìng	xiàhuá	duìcè

对于在国内或者去国外做志愿者服务活动, 你怎么看?
Duìyú zài guónèi huòzhě qù guówài zuò zhìyuànzhě fúwù huódòng, nǐ zěnme kàn?

参加	增长	体验	丰富	培养	有利于
cānjiā	zēngzhǎng	tǐyàn	fēngfù	péiyǎng	yǒulìyú

和邻近国家相比, 你们国家经常发生自然灾害吗?
Hé línjìn guójiā xiāngbǐ, nǐmen guójiā jīngcháng fāshēng zìrán zāihài ma?

安全	不常	影响	遭受	引起	损失
ānquán	bù cháng	yǐngxiǎng	zāoshòu	yǐnqǐ	sǔnshī

交很多的税, 福利很好的国家, 交很少的税,
福利不好的国家, 你认为哪个比较好?
Jiāo hěn duō de shuì, fúlì hěn hǎo de guójiā, jiāo hěn shǎo de shuì,
fúlì bù hǎo de guójiā, nǐ rènwéi nǎge bǐjiào hǎo?

仁者见仁	智者见智	而言	选择	提供	改善	幸福
rénzhějiànrén	zhìzhějiànzhì	éryán	xuǎnzé	tígōng	gǎishàn	xìngfú

10. 外貌 외모

001 常言道："**爱美之心，人皆有之**"，爱美的习惯是从古到今的风气。
Chángyán dào : "**àiměizhīxīn, rénjiēyǒuzhī**", ài'měi de xíguàn shì cóng gǔ dào jīn de fēngqì.

예로부터 "미를 사랑하는 마음은, 누구나 다 가지고 있다"라고 말합니다, 아름다움을 사랑하는 습관은 예로부터 지금까지의 풍조입니다.

· 외모, 의상 관련 표현 : 三分长相, 七分打扮(외모는 30%을 차지하고, 나머지 70%는 꾸미는 것에 달렸다),
人是衣裳, 马是鞍(사람은 옷이 좋아야하고, 말은 안장이 좋아야 한다),
佛要金装, 人靠衣装(부처는 금으로 단장해야 하고, 사람은 옷으로 단장해야 한다)

002 外貌美丽的人一般都更自信，比普通人**拥有**更多的发展空间。
Wàimào měilì de rén yìbān dōu gèng zìxìn, bǐ pǔtōngrén **yōng yǒu** gèng duō de fāzhǎn kōngjiān.

외모가 아름다운 사람들은 일반적으로 더 자신감 있고, 평범한 사람들보다 발전의 여지를 더 많이 갖고 있습니다.

· 拥有 호응 단어 : 拥有高学历(고학력을 가지다), 拥有财富(부를 가지다), 拥有一切(모든 것을 가지다)

003 很难在短时间内对一个人的能力、人品等做出正确的**判断**。
Hěn nán zài duǎn shíjiān nèi duì yí ge rén de nénglì、rénpǐn děng zuò chū zhèngquè de **pànduàn**.

한 사람의 능력, 인품 등을, 단기간에 정확한 판단을 내리기는 쉽지 않습니다.

· 判断 : 예) 判断真伪(진위를 판단하다), 下判断(판단을 내리다), 凭第一印象来判断(첫 인상으로 판단하다)

004 人的外貌、身材、服装等**原因**很可能会影响到对方的第一印象。
Rén de wàimào、shēncái、fúzhuāng děng **yuányīn** hěn kěnéng huì yǐngxiǎng dào duìfāng de dì yī yìnxiàng.

사람의 외모, 몸매, 옷차림 등 요소는 상대방의 첫인상에 영향을 미칠 가능성이 있습니다.

· 原因 : 어떤 일의 발생을 야기하는 조건을 표현할 때
예) 有几个原因(몇 가지의 원인이 있다), 根本原因(근본적 원인), 客观原因(객관적 원인)

005 整容手术的流行，在今天已经是一种**趋势**，很多人都为之倾心。
Zhěngróng shǒushù de liúxíng, zài jīntiān yǐjing shì yì zhǒng **qūshì**, hěn duō rén dōu wèi zhī qīngxīn.

성형수술의 유행은, 이미 오늘날 추세이며, 많은 사람들이 관심을 끌고 있습니다.

· 趋势 호응 단어 : 必然趋势(불가피한 추세), 流行趋势(유행 트렌드), 当今的社会趋势(지금의 사회 추세)

10. 外貌 외모

006 做整容手术只要不过度，且在能力范围之内进行就没有关系。
Zuò zhěngróng shǒushù zhǐyào bú guòdù, qiě zài nénglì fànwéi zhīnèi jìnxíng jiù méiyǒu guānxi.

성형수술을 과하게 하지 않고, 자연스러운 능력 범위 내에서만 하면 상관없습니다.

· 过度 : 적당한 한도 초과함을 표현할 때
  예) 饮酒过度(술을 과하게 마시다), 过度疲劳(과도한 피로), 过度干涉(과도한 간섭), 过度的奢侈挥霍 (지나치게 사치스럽게 돈을 쓰다)

007 把握不好反而会弄巧成拙，或造成整容伤害，那就遗憾终身了。
Bǎwò bù hǎo fǎn'ér huì nòngqiǎochéngzhuō, huò zàochéng zhěngróng shānghài, nà jiù yíhàn zhōngshēn le.

지나치면(나쁜 것을 쥐고 있으면) 오히려 더 안 좋을 수 있으며, 성형으로 인해 흉측해질 수 있고, 그럼 평생 후회하게 됩니다.

· 把握 : '잡다', '파악하다' 의미
  예) 把握好分寸(분수를 파악하다), 把握时机(시기를 잡다), 把握现在(현재를 파악하다)

008 追求外表美丽没有错，但是由内而外的内在美，才是真正的美。
Zhuīqiú wàibiǎo měilì méiyǒu cuò, dànshì yóu nèi ér wài de nèizàiměi, cái shì zhēnzhèng de měi.

외모의 아름다움을 추구하는 것은 틀리지 않지만, 내면에서 나오는 아름다움이 진정한 아름다움입니다.

· 追求 호응 단어 : 追求时髦(유행을 추구하다), 追求名利(명예와 이익을 추구하다), 追求梦想(꿈을 쫓다)

009 我们不应该"以貌取人"，能力出众才是最重要的，颜值次之。
Wǒmen bù yīnggāi "yǐmàoqǔrén", nénglì chūzhòng cái shì zuì zhòngyào de, yánzhí cì zhī.

"외모로 사람을 판단하지" 말고, 출중한 능력이야말로 가장 중요하며, 뛰어난 외모는 그 다음입니다.

· 出众 호응 단어 : 才华出众(재능이 출중하다), 外貌出众(외모가 출중하다), 貌不出众(용모가 출중하지 않다)

010 要想具备内在美，就要不断提高自己的知识水平和品德修养。
Yào xiǎng jùbèi nèizàiměi, jiù yào búduàn tígāo zìjǐ de zhīshí shuǐpíng hé pǐndé xiūyǎng.

내면의 아름다움을 갖추려면, 자신의 지식 수준과 인성을 끊임없이 길러야 합니다.

· 具备 : 예) 具备真才实学(타고난 재능과 견실한 학식을 갖추다), 具备某种特长(어떠한 특기를 갖추다), 应具备的美德(미덕을 갖춰야 한다)

练习 연습

★ 문제의 핵심 Point를 이해하고, 제시된 단어를 활용하여 첫시작과 끝맺음을 주의하며 자유롭게 대답해 봅시다.

有人说出众的外貌在日常生活中有很大帮助, 对此, 你怎么看？
Yǒurén shuō chūzhòng de wàimào zài rìcháng shēnghuó zhōng yǒu hěn dà bāngzhù, duìcǐ, nǐ zěnme kàn?

常言道	风气	自信	拥有	有利于	以貌取人
chángyán dào	fēngqì	zìxìn	yōngyǒu	yǒulìyú	yǐmàoqǔrén

你认为第一印象重要吗？
Nǐ rènwéi dì yī yìnxiàng zhòngyào ma?

重要	短时间	判断	原因	影响	留下
zhòngyào	duǎn shíjiān	pànduàn	yuányīn	yǐngxiǎng	liúxià

请你谈谈整容手术的好处和坏处。
Qǐng nǐ tántan zhěngróng shǒushù de hǎochù hé huàichù.

俗话说	整容	趋势	自信	拥有	把握
súhuà shuō	zhěngróng	qūshì	zìxìn	yōngyǒu	bǎwò

你认为外貌和才能哪个更重要？
Nǐ rènwéi wàimào hé cáinéng nǎge gèng zhòngyào?

仁者见仁	智者见智	美丽	拥有	以貌取人	出众
rénzhějiànrén	zhìzhějiànzhì	měilì	yōngyǒu	yǐmàoqǔrén	chūzhòng

---

现代人很重视外貌, 不过内在美也很重要, 你认为怎么做才能具备内在美？
Xiàndàirén hěn zhòngshì wàimào, búguò nèizàiměi yě hěn zhòngyào, nǐ rènwéi zěnme zuò cái néng jùbèi nèizàiměi?

追求	由内而外	真正	具备	提高	乐于助人
zhuīqiú	yóu nèi ér wài	zhēnzhèng	jùbèi	tígāo	lèyúzhùrén

挑战 도전

⭐ 모의고사 1

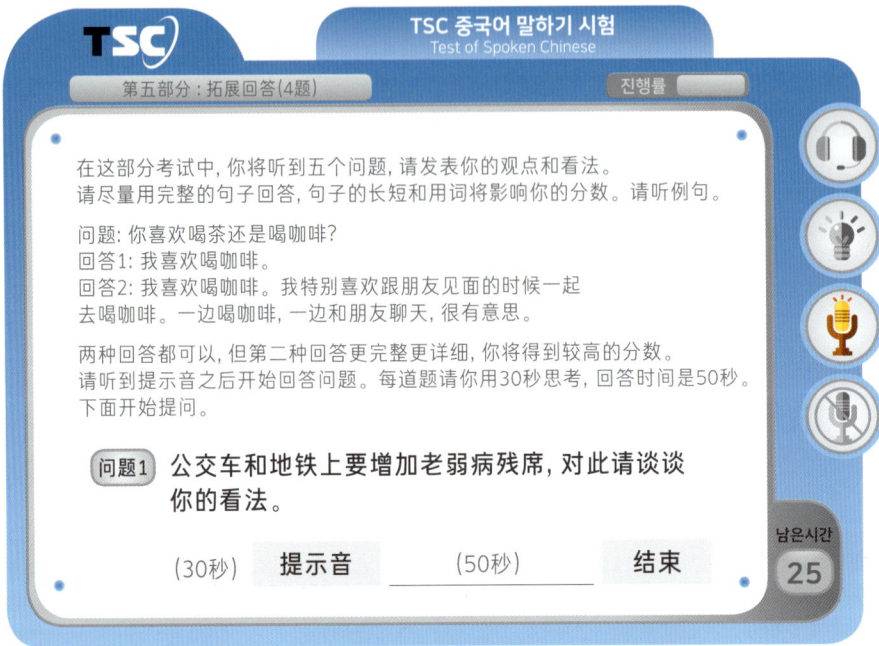

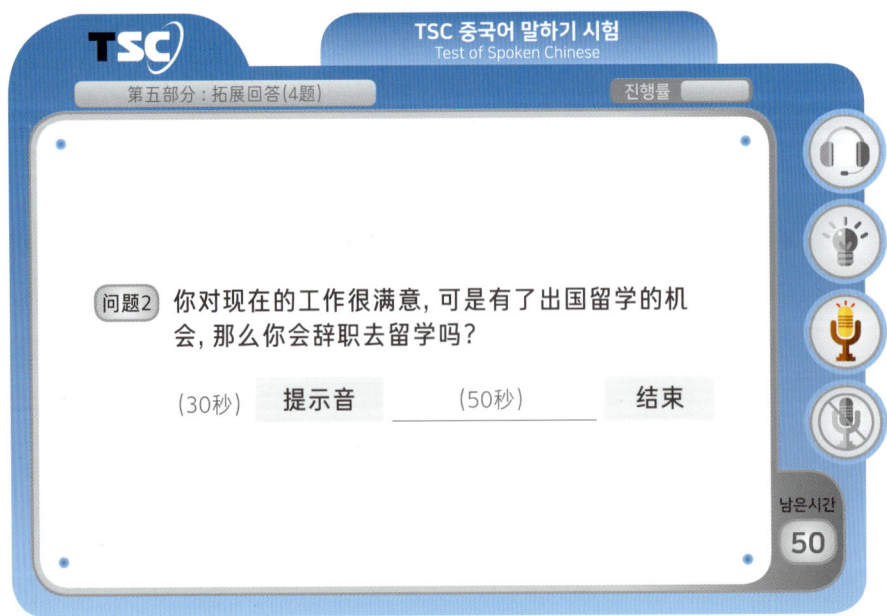

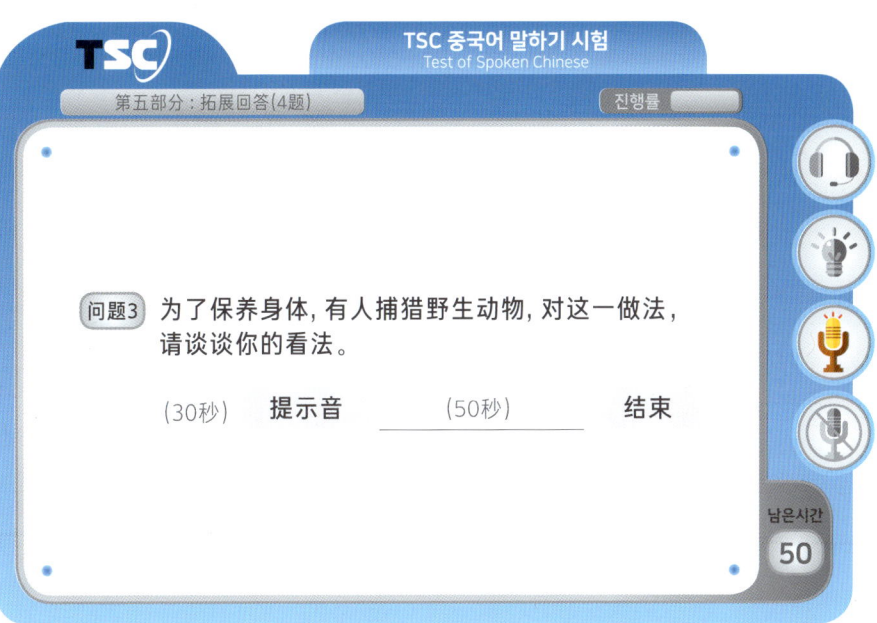

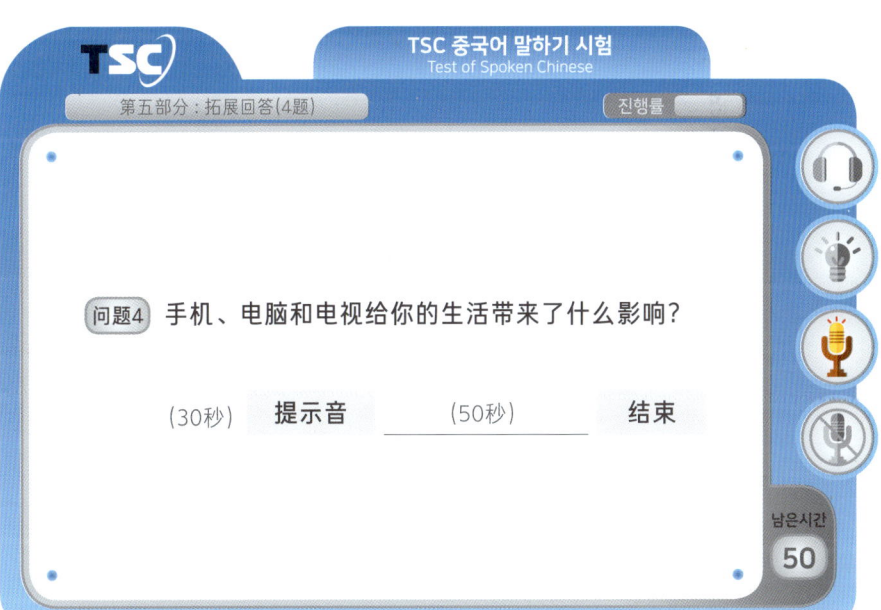

挑战 도전

★ 모의고사 2

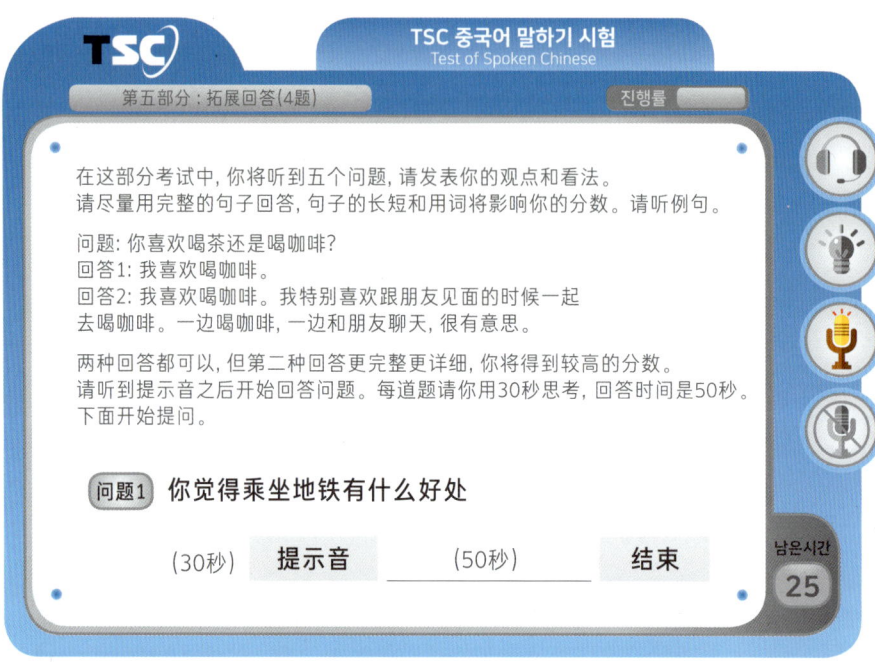

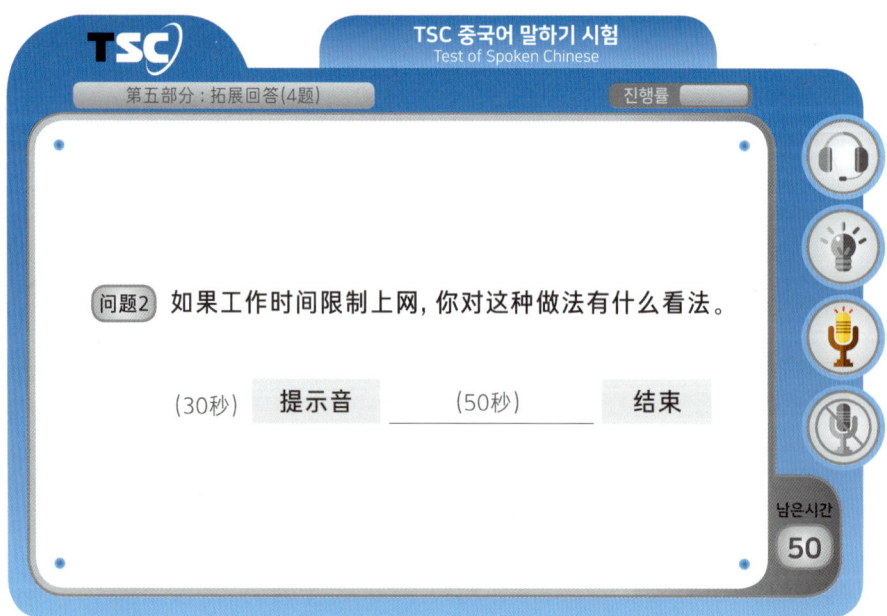

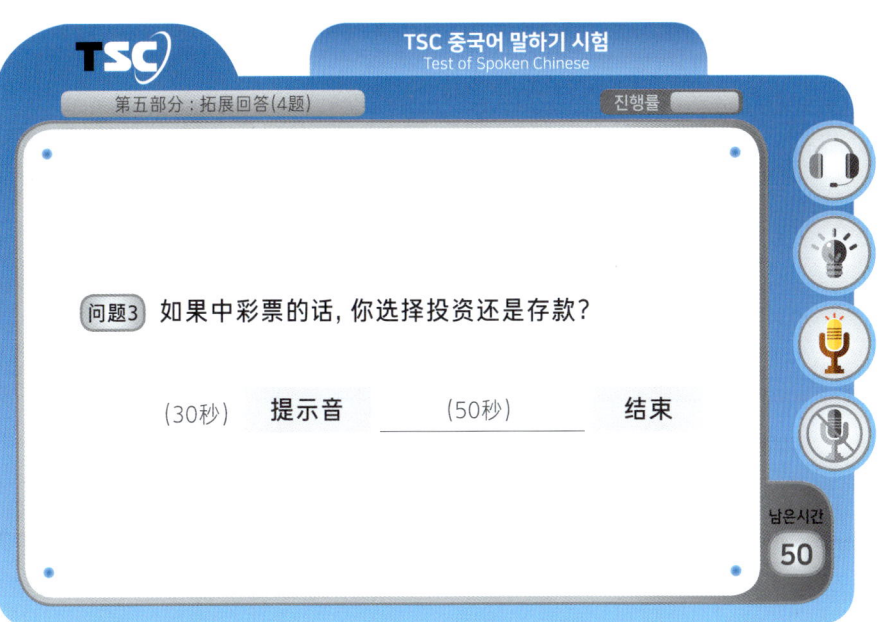
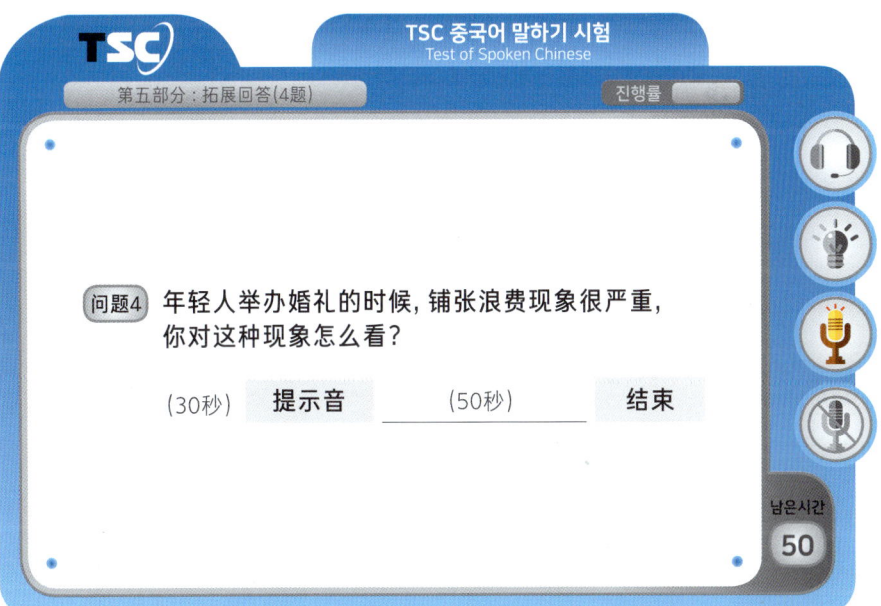

쉬어가기

중국어 발음 변화 주의하기

■ **주의해야 하는 발음 변화 인지하기**

평소 발화하는 것에 큰 문제가 없더라도 대화 시 종종 오류가 생기거나 일반적으로 잘 인지하지 못하고 있는 병음들이 있다. 아래와 같은 발음들은 항상 염두에 두고 꾸준한 연습을 하도록 하자.

✓ [ü/yu] 올바른 입 모양

한국어에서 [위]는 입을 벌리며 발음을 하지만, 중국어 [ü]는 오므렸던 입 모양을 유지하면서 발음한다.
예) 下雨 xià yǔ 비 오다, 语言 yǔyán 언어, 遇到 yùdào 만나다

✓ [iu, ui, un] 생략된 운모

실제로 발음 되어야 하는 운모(중심 운모)가 중간에 생략되어 표기 되지만, 생략된 운모는 꼭 기억하며 빠르게 발음하도록 한다.

1) [i(o)u] = 이오우
예) 修理 xi(o)ūlǐ 수리하다, 留学 li(o)úxué 유학하다, 秋天 qi(o)ūtiān 가을

2) [u(e)i] = 우에이
예) 追求 zhu(e)īqiú 추구하다, 开会 kāihu(e)ì 회의하다, 对方 du(e)ìfāng 상대방

3) [u(e)n] = 우어ㄴ
예) 标准 biāozhǔ(e)n 기준, 矛盾 máodù(e)n 모순, 尊重 zū(e)nzhòng 존중하다

✓ [-n] 어음 변화

"-n"은 뒤 절의 특정 성모가 올 경우 그 성모의 영향을 받아 자연스럽게 음의 변화가 일어난다.

1) [-n->-m+ b, p, m]
예) 面包 miàn(m)bāo 빵, 鞭炮 biān(m)pào 폭죽, 什么 shén(m)me 무엇

2) [-n->-ng+ g, k, h]
예) 变高 biàn(ng)gāo 높아지다, 难看 nán(ng)kàn 보기 싫다, 电话 diàn(ng)huà 전화

3) [-n->-l+ l]
예) 展览 zhǎn(l)lǎn 전시, 本来 běn(l)lái 원래, 善良 shān(l)liang 선량하다

4) [-n->-n을 삼키듯+ y]
예) 衬衣 chè(n) yī 셔츠, 电影 dià(n)yǐng 영화, 阵雨 zhè(n) yǔ 소나기

제6부분

상황 대응하기
情景应对

문제수	3문제
준비 시간	30초
답변시간	40초

问:
你本来晚上约好了跟同事一起去吃晚饭,但是你很累,不想去了,请你很有诚意地向她道歉,取消约会。

Nǐ běnlái wǎnshang yuē hǎo le gēn tóngshì yìqǐ qù chī wǎnfàn, dànshì nǐ hěn lèi, bù xiǎng qù le, qǐng nǐ hěn yǒu chéngyì de xiàng tā dàoqiàn, qǔxiāo yuēhuì.

내일은 원래 동료와 저녁식사를 함께하기로 약속했지만, 너무 피곤해서 가고 싶지 않습니다. 약속한 동료에게 사과하고 약속을 취소하세요.

주요주제

시간 변경, AS서비스, 충고/건의, 위로/격려, 부탁/거절, 예약/문의

공략법

1. **3, 4, 5부분의 표현을 종합적으로 활용하자!**
   6부분의 주제는 3, 4, 5부분의 주요 표현을 포함하고 있다.
   그러므로, 6부분의 핵심 내용은 3, 4, 5부분의 내용을 참고하여 답변할 수 있다.

2. **각 주제에서 자주 사용되는 표현을 파악하자!**
   각 주제에는 '상대방을 위로하는 표현', '상대방에게 충고하는 표현' 등
   기본적인 표현들이 있다. 이러한 기본 표현들은 능숙하게 사용해야 한다.

3. **자신이 그 상황에 처해있다고 가정하자!**
   6부분은 주로 대화 형식으로 출제된다. 따라서 답변할 때,
   상대방과 대화 또는 전화를 한다고 가정하여 자연스럽고 유창하게 답변해야 한다.

01. 更改时间 시간 변경

001 我想把约会的时间推迟一下。
Wǒ xiǎng bǎ yuēhuì de shíjiān tuīchí yíxià.

약속 시간을 좀 늦추고 싶습니다.

> · 把 : '을', '를' 의미
> 예) 把雨伞落在地铁里了(우산을 지하철에 놓고 왔다), 把资料放在家里了(자료를 집에 두었다),
> · 주어+把+목적어+동작 : 동사 뒤에 成, 到, 给, 在(결과보어)가 있을 때, 반드시 把자문 사용

002 最近忙得不可开交,把时间改到后天下班以后,可以吗?
Zuìjìn máng de bùkěkāijiāo, bǎ shíjiān gǎi dào hòutiān xiàbān yǐhòu, kěyǐ ma?

눈코 뜰 새 없이 바쁩니다, 시간을 모레 퇴근 이후로 변경해도 될까요?

> · 동사+到+시간 : '~로, ~까지' 의미로 동작이 중지된 시간 또는 변경된 시간을 표현할 때
> 예) 提前到明天(내일로 앞당기다), 挪到周末(주말로 옮기다),
> 工作到晚上十点(저녁 10시까지 일하다), 睡到早上7点(아침 7시까지 잠자다)

003 我们本来约好了周末去爬山,但是好像去不了了。
Wǒmen běnlái yuē hǎo le zhōumò qù páshān, dànshì hǎoxiàng qù buliǎo le.

저희는 원래 주말에 등산 가기로 약속했었는데, 가지 못할 것 같습니다.

> · 本来 : 예) 本来定好了(원래 정해 놓았습니다), 本来打算~(원래~하기로 계획했습니다),
> 本来想着~(원래~를 생각했습니다)

004 如果不方便的话,改天也可以。
Rúguǒ bù fāngbiàn dehuà, gǎitiān yě kěyǐ.

만약 불편하시다면, 다른 날도 괜찮습니다.

> · 如果~的话 : 가정 관계를 표현할 때
> · 如果 또는 的话 둘 중 하나만 단독 사용 가능

005 没想到路上堵车堵得水泄不通,不得不晚到半个小时。
Méi xiǎng dào lùshang dǔchē dǔ de shuǐxièbùtōng, bùdébù wǎn dào bàn ge xiǎoshí.

생각 치도 못하게 길이 꽉 막혀서, 부득이하게 30분 늦게 도착했습니다.

006 不是我不想去，实在是抽不出空儿来。
Bú shì wǒ bù xiǎng qù, shízài shì chōu bu chū kòngr lái.

제가 가고 싶지 않은 것이 아니라, 정말 시간을 낼 수 없습니다.

- 抽空儿 : 바쁜 와중에 시간을 짜내 다른 일을 함을 표현할 때
- 자주 사용되는 관련 표현 : 抽不出时间来(시간을 낼 수 없다), 挤不出时间来(시간을 (짜)낼 수 없다), 没时间(시간이 없다), 没空儿(시간이 없다)

007 下次见面以后，我请你吃大餐。
Xiàcì jiànmiàn yǐhòu, wǒ qǐng nǐ chī dàcān.

다음에 만날 때, 제가 식사를 거하게 대접하겠습니다.

008 公司里突然发生了一些急事，我得马上处理一下。
Gōngsī li tūrán fāshēng le yìxiē jíshì, wǒ děi mǎshàng chǔlǐ yíxià.

회사에서 갑자기 급한 일이 생겨서, 제가 바로 처리하러 가야 합니다.

- 突然 : 상황이 급박하게 발생함을 표현할 때
예) 突然坏了(갑자기 고장났다), 突然下雨了(갑자기 비가 온다), 突然身体不舒服(갑자기 몸이 좋지 않다)
- 비슷한 표현 : 出人意料(예상을 벗어남)

009 下次我一定安排好时间，不会再出现这样的事情了。
Xiàcì wǒ yídìng ānpái hǎo shíjiān, bú huì zài chūxiàn zhèyàng de shìqing le.

다음에는 (반드시) 시간을 잘 조율하여, 다시는 이런 일이 발생하지 않도록 하겠습니다.

- 不会再~了 : '다시는 ~하지 않는다' 의미, 같은 상황이 다시 일어나지 않음을 표현할 때
예) 不会再迟到了(다시는 지각하지 않는다), 不会再毁约了(다시는 약속을 깨지 않는다), 不会再发生了(다시는 발생하지 않는다), 不会再改变了(다시는 바꾸지 않는다)

010 今天不方便，明天下班以后立马就到，实在抱歉。
Jīntiān bù fāngbiàn, míngtiān xiàbān yǐhòu lìmǎ jiù dào, shízài bàoqiàn.

오늘은 어렵습니다(편하지 않습니다), 내일 퇴근하고 바로 가겠습니다, 정말 죄송합니다.

- 方便 : '편리하다', '적합하다', '적절하다' 의미
예) 什么时候方便?(언제가 편하신가요?), 没什么不方便的(불편한 것이 없다), 方便的话(편하시다면)

练习 연습

★ 그림과 주어진 상황의 핵심 Point를 이해하고, 제시된 단어를 활용하여 완전한 문장으로 자유롭게 대답해 봅시다.

你要去医院看医生,路上堵车,无法在约定的时间到达,请你打电话跟医院联系,推迟看病的时间。

Nǐ yào qù yīyuàn kàn yīshēng, lùshang dǔchē, wúfǎ zài yuēdìng de shíjiān dàodá, qǐng nǐ dǎ diànhuà gēn yīyuàn liánxì, tuīchí kànbìng de shíjiān.

没想到	堵	不得不	改到	抱歉
Méi xiǎng dào	dǔ	bùdébù	gǎi dào	bàoqiàn

你要改变跟客户的约会时间,请你给客户打电话说明情况,并请他原谅。

Nǐ yào gǎibiàn gēn kèhù de yuēhuì shíjiān, qǐng nǐ gěi kèhù dǎ diànhuà shuōmíng qíngkuàng, bìng qǐng tā yuánliàng.

没想到	急事	处理	改到	不好意思
Méi xiǎng dào	jíshì	chǔlǐ	gǎi dào	bùhǎoyìsi

上班的路上,你的车突然出了毛病,不能及时到公司,请你给上司打电话说明你不能准时上班的原因,并请求原谅。

Shàngbān de lùshang, nǐ de chē tūrán chū le máobìng, bù néng jíshí dào gōngsī, qǐng nǐ gěi shàngsī dǎ diànhuà shuōmíng nǐ bù néng zhǔnshí shàngbān de yuányīn, bìng qǐngqiú yuánliàng.

对不起	出毛病	晚到	打车	原谅
duìbuqǐ	chū máobìng	wǎn dào	dǎchē	yuánliàng

你跟朋友约好去海边旅游，可是你的表姐要结婚，请你向朋友说明情况，并更改去旅游的日期。

Nǐ gēn péngyou yuē hǎo qù hǎibiān lǚyóu, kěshì nǐ de biǎojiě yào jiéhūn, qǐng nǐ xiàng péngyou shuōmíng qíngkuàng, bìng gēnggǎi qù lǚyóu de rìqī.

约好	准备好	参加	去不了	改天
yuē hǎo	zhǔnbèi hǎo	cānjiā	qù buliǎo	gǎitiān

原来你打算周末跟好朋友去旅游，不巧周末的火车票都卖完了，请你给朋友打电话说明情况，并更改日期。

Yuánlái nǐ dǎsuàn zhōumò gēn hǎo péngyou qù lǚyóu, bùqiǎo zhōumò de huǒchē piào dōu mài wán le, qǐng nǐ gěi péngyou dǎ diànhuà shuōmíng qíngkuàng, bìng gēnggǎi rìqī.

本来	卖光了	推迟	改到	联系
běnlái	mài guāng le	tuīchí	gǎi dào	liánxì

MEMO

02. 售后服务 AS서비스

001 喂，请问是售后服务中心吗？
Wéi, qǐng wèn shì shòuhòu fúwù zhōngxīn ma?

여보세요, (실례합니다,) A/S센터 인가요?

- 中心 호응 단어 : 维修中心(수리 센터), 文化中心(문화 센터), 健身中心(피트니스 센터)

002 我家的电冰箱坏了，想申请上门维修服务。
Wǒ jiā de diànbīngxiāng huài le, xiǎng shēnqǐng shàngmén wéixiū fúwù.

저희 집 냉장고가 고장 나서, 방문 수리 서비스를 신청하고 싶습니다.

- 坏了 : '고장 나다' 의미
- 비슷한 표현 : 出毛病了, 出问题了, 出故障了

003 明天我有事儿要外出，下午可以吗？出发之前请给我打个电话。
Míngtiān wǒ yǒu shìr yào wàichū, xiàwǔ kěyǐ ma? Chūfā zhīqián qǐng gěi wǒ dǎ ge diànhuà.

내일 외출할 일이 있는데, 오후에 괜찮으시겠습니까? 출발하시기 전에 전화 좀 주세요.

004 只要能给我尽快修好就行，我急着用呢。
Zhǐyào néng gěi wǒ jǐnkuài xiū hǎo jiù xíng, wǒ jí zhe yòng ne.

가능한 빨리 고쳐주실 수만 있으면 됩니다, 제가 급하게 사용해야 합니다.

- 尽快 : '가능한 빨리' 의미
  예) 尽快解决问题(되도록 빨리 문제 해결을 하다), 尽快修理一下(되도록 빨리 수리를 하다), 尽快处理(되도록 빨리 처리하다)
- 비슷한 표현 : 赶快, 马上, 快点儿

005 出现这样的问题，我觉得很失望，请你们马上帮我解决问题。
Chūxiàn zhèyàng de wèntí, wǒ juéde hěn shīwàng, qǐng nǐmen mǎshàng bāng wǒ jiějué wèntí.

이런 문제가 생겨서, 매우 실망스럽습니다, 당장 문제 해결을 도와주세요.

- 出现 호응 단어 : 出现故障(고장이 발생하다), 出现失误(실수가 생기다), 出现差错(착오가 생기다)

006 刚买没多久就坏了，你们怎么能卖这样的东西呢？
Gāng mǎi méi duō jiǔ jiù huài le, nǐmen zěnme néng mài zhèyàng de dōngxi ne?

> 산 지 얼마 되지 않아서 망가졌는데, 어떻게 (당신들은) 이런 물건을 팔 수 있나요?

· 怎么能~呢 : (반어법) '어떻게 ~할 수 있는가?' 의미로 강한 부정의 어감 강조할 때
  예) 怎么能做出这种傻事呢(어떻게 이런 바보 같은 짓을 할 수가 있나),
  怎么能不来呢(어떻게 오지 않을 수가 있나)

007 你们的服务质量太差了吧，我要向有关部门投诉你们。
Nǐmen de fúwù zhìliàng tài chà le ba, wǒ yào xiàng yǒuguān bùmén tóusù nǐmen.

> (당신들의) 서비스 질은 너무 떨어집니다, 관련 부서에 (당신들을) 컴플레인 해야겠습니다.

· 差 : '(질, 품질, 능력 등) 나쁨' 의미
  예) 质量差(품질이 떨어진다), 品质差(질이 떨어진다)

008 我希望你们能尽快调查一下这件事，并给我一个合理的解释。
Wǒ xīwàng nǐmen néng jǐnkuài diàochá yíxià zhè jiàn shì, bìng gěi wǒ yí ge hélǐ de jiěshì.

> (저는 당신들이) 가능한 빨리 이 일을 조사하고, 합리적인 해명을 해주길 바랍니다.

· 解释 : '해명하다', '변명하다' 의미
  예) 不用解释了(해명할 필요 없다), 解释一下(해명 좀 하다), 解释清楚(정확히 해명하다)

009 我希望你们可以尽快给我退货。
Wǒ xīwàng nǐmen kěyǐ jǐnkuài gěi wǒ tuìhuò.

> 가능한 빨리 (저에게) 반품해 줄 수 있었으면 좋겠습니다.

· 退货 : '반품하다' 의미
· 관련 표현 : 退款(환불하다), 退钱(환불하다, 돈을 돌려주다), 退一下(환불 좀 하다), 换一下(좀 바꾸다)

010 连个解释也没有，你们这种不负责任的态度我非常不满意。
Lián ge jiěshì yě méiyǒu, nǐmen zhèzhǒng bú fù zérèn de tàidù wǒ fēicháng bù mǎnyì.

> 어떠한 해명조차도 없는, 무책임한 (당신들의) 태도에 매우 불만입니다.

· 连+강조 대상+也/都+동사 : '~조차도 (심지어) 하다' 의미
  예) 连个招呼也不打(인사조차 하지 않는다), 连句道歉的话也没有(사과 한 마디 없다)

练习 연습

★ 그림과 주어진 상황의 핵심 Point를 이해하고, 제시된 단어를 활용하여 완전한 문장으로 자유롭게 대답해 봅시다.

你家买的空调坏了，请你给维修中心打电话是否可以上门服务。

Nǐ jiā mǎi de kōngtiáo huài le, qǐng nǐ gěi wéixiū zhōngxīn dǎ diànhuà shìfǒu kěyǐ shàngmén fúwù.

中心	坏了	申请	尽快	住在
Zhōngxīn	huài le	shēnqǐng	jǐnkuài	zhù zài

你买的二手手机，没用多久就坏了，请你去商店说明情况，并要求退货。

Nǐ mǎi de èrshǒu shǒujī, méi yòng duō jiǔ jiù huài le, qǐng nǐ qù shāngdiàn shuōmíng qíngkuàng, bìng yāoqiú tuìhuò.

出问题	怎么能	出现	失望	退货
chū wèntí	zěnme néng	chūxiàn	shīwàng	tuìhuò

你在书店买了新书，可是回家才发现，书里有一张被撕坏了，请你向书店职员说明一下，并要求解决问题。

Nǐ zài shūdiàn mǎi le xīn shū, kěshì huíjiā cái fāxiàn, shū lǐ yǒu yì zhāng bèi sī huài le, qǐng nǐ xiàng shūdiàn zhíyuán shuōmíng yíxià, bìng yāoqiú jiějué wèntí.

回家	发现	撕坏	差	换
huíjiā	fāxiàn	sī huài	chà	huàn

妈妈给儿子买了一件衣服,不过颜色不适合儿子,所以妈妈来到商店要求退换衣服。

Māma gěi érzi mǎi le yí jiàn yīfu, búguò yánsè bú shìhé érzi, suǒyǐ māma lái dào shāngdiàn yāoqiú tuìhuàn yīfu.

买了	适合	换	流行	推荐
mǎi le	shìhé	huàn	liúxíng	tuījiàn

你在家具商店买的沙发已经过了送货的日期,可是还没到,请你打电话询问一下情况。

Nǐ zài jiājù shāngdiàn mǎi de shāfā yǐjing guò le sòng huò de rìqī, kěshì hái méi dào, qǐng nǐ dǎ diànhuà xúnwèn yíxià qíngkuàng.

预订	送到	怎么	解释	发货
yùdìng	sòng dào	zěnme	jiěshì	fāhuò

MEMO

03. 劝告/建议 충고/건의

001 最好不要轻易换工作，现在找份稳定的工作多不容易啊。
Zuìhǎo búyào qīngyì huàn gōngzuò, xiànzài zhǎo fèn wěndìng de gōngzuò duō bù róngyì a.

직업을 쉽게 바꾸지 않는 것이 좋습니다, 지금처럼 안정된 직장을 찾기가 쉽지 않습니다.

· 换工作 : '직업을 바꾸다' 의미
· 관련 표현 : 跳槽(직장을 바꾸다), 辞职(회사를 그만두다), 开店(가게를 개업하다)

002 好不容易才得到这个好机会，你怎么又要放弃呢？
Hǎoburóngyì cái dédào zhège hǎo jīhuì, nǐ zěnme yòu yào fàngqì ne?

가까스로 이 좋은 기회를 얻었는데, 당신은 어째서 또 포기하려고 합니까?

· 放弃 : '(기존의 권리, 주장, 의견 등) 포기하다' 의미
예) 放弃这次选择(이번 선택을 포기하다), 千万不要放弃(제발 포기하지 마세요)

003 说实话，我实在不明白你为什么要这么做，没有办法理解你。
Shuō shíhuà, wǒ shízài bù míngbai nǐ wèishénme yào zhème zuò, méiyǒu bànfǎ lǐjiě nǐ.

솔직히, (당신이) 왜 이렇게 해야 하는지 정말 이해가 되지 않습니다, (당신을) 이해할 방법이 없습니다.

004 你这么做，对你自己没有好处不说，也会给周围的人带来不便。
Nǐ zhème zuò, duì nǐ zìjǐ méiyǒu hǎochù bù shuō, yě huì gěi zhōuwéi de rén dài lái búbiàn.

(당신이) 이렇게 한다면, (당신) 자신에게 좋을 게 없다는 것은 말할 것도 없고, 주변 사람들에게도 불편함을 줄 수 있습니다.

· A不说, 也/还B : '~는 말할 것도 없고' 의미로 A 부분 말한 상황 외에 B 부분 상황이 더 있음을 표현할 때
예) 我的手机不说, 笔记本也坏了(핸드폰은 말할 것도 없고 노트북도 망가졌다),
辛苦白饶了不说, 还没落一个好(헛수고한 것은 말할 것도 없고 좋은 소리를 하나도 못 들었다)

005 如果你放弃这次选择，以后就很难再有机会了。
Rúguǒ nǐ fàngqì zhècì xuǎnzé, yǐhòu jiù hěn nán zài yǒu jīhuì le.

만약 (당신이) 이번 선택을 포기한다면, 앞으로는 더 이상 기회를 갖기 어려울 것 입니다.

006 希望你们能站在别人的立场上考虑一下，不要影响别人。
Xīwàng nǐmen néng zhàn zài biérén de lìchǎng shang kǎolǜ yíxià, búyào yǐngxiǎng biérén.

다른 사람에게 영향이 가지 않도록, 다른 사람의 입장에서 고려를 좀 해주시길 바랍니다.

007 你最近花钱大手大脚，我劝你养成勤俭节约，合理开支的好习惯。
Nǐ zuìjìn huā qián dàshǒudàjiǎo, wǒ quàn nǐ yǎngchéng qínjiǎnjiéyuē, hélǐ kāizhī de hǎo xíguàn.

(당신은) 최근에 돈을 물 쓰듯 쓰고 있습니다, 근검절약하고 합리적으로 지출하는 좋은 습관을 기르길 권합니다.

008 骑摩托车看起来很酷，但是很容易发生交通事故，太危险了。
Qí mótuōchē kànqǐlái hěn kù, dànshì hěn róngyì fāshēng jiāotōng shìgù, tài wēixiǎn le.

오토바이를 타는 것은 멋있어 보이지만, 교통사고가 발생하기 쉽고, 너무 위험합니다.

009 好好儿想想再做决定吧，不管你做出什么决定，我都支持你。
Hǎohāor xiǎngxiang zài zuò juédìng ba, bùguǎn nǐ zuò chū shénme juédìng, wǒ dōu zhīchí nǐ.

잘 생각하고 결정하세요, (당신이) 어떠한 결정을 하든지, 저는 당신을 지지합니다.

· 支持 : 격려하거나 후원함을 표현할 때
예) 支持你的意见(당신의 의견을 지지합니다), 支持你的决定(당신의 결정을 지지합니다),
   理解并支持我(나를 이해하고 지지해 주다)

010 你千万不能这样，一定要三思而后行。
Nǐ qiānwàn bù néng zhèyàng, yídìng yào sānsī'érhòuxíng.

(당신은) 절대로 이렇게 해서는 안 됩니다, 반드시 심사숙고한 후에 행동해야 합니다.

· 千万 : 간곡히 당부를 표현할 때
예) 千万要小心(제발 조심하세요), 千万不可大意(절대로 방심해서는 안 된다),
   千万记着(제발 기억해두세요)

练习 연습

★ 그림과 주어진 상황의 핵심 Point를 이해하고, 제시된 단어를 활용하여 완전한 문장으로 자유롭게 대답해 봅시다.

朋友常常吃方便面，汉堡包等快餐，请你忠告他。

Péngyou chángcháng chī fāngbiànmiàn, hànbǎobāo děng kuàicān, qǐng nǐ zhōnggào tā.

常常	营养	导致	忽略	按时
chángcháng	yíngyǎng	dǎozhì	hūlüè	ànshí

你的弟弟每天骑摩托车上下班，你觉得骑摩托车上下班很危险，请你劝说他不要骑摩托车上下班。

Nǐ de dìdi měitiān qí mótuōchē shàngxiàbān, nǐ juéde qí mótuōchē shàngxiàbān hěn wēixiǎn, qǐng nǐ quànshuō tā bú yào qí mótuōchē shàngxiàbān.

酷	发生	危险	劝	坐
kù	fāshēng	wēixiǎn	quàn	zuò

因为工资低，你妹妹想换工作，作为哥哥请你忠告她。

Yīnwèi gōngzī dī, nǐ mèimei xiǎng huàn gōngzuò, zuòwéi gēge qǐng nǐ zhōnggào tā.

好不容易	放弃	稳定	积累	轻易
hǎoburóngyì	fàngqì	wěndìng	jīlěi	qīngyì

你妹妹花钱 大手大脚，买衣服什么的，作为哥哥请你给她好的建议。

Nǐ mèimei huā qián dàshǒudàjiǎo, mǎi yīfu shénme de, zuòwéi gēge qǐng nǐ gěi tā hǎo de jiànyì.

大手大脚	节约	合理	存钱	准备
dàshǒudàjiǎo	jiéyuē	hélǐ	cúnqián	zhǔnbèi

你的孩子 不学习，每天 玩儿电脑游戏，请你 说服他，让他努力学习。

Nǐ de háizi bù xuéxí, měitiān wánr diànnǎo yóuxì. qǐng nǐ shuōfú tā, ràng tā nǔlì xuéxí.

重要	考大学	理解	努力	有出息
zhòngyào	kǎo dàxué	lǐjiě	nǔlì	yǒu chūxī

MEMO

04. 安慰/鼓励 위로/격려

001 这次失败了下次再努力，没什么大不了的，以后有的是机会。
Zhècì shībài le xiàcì zài nǔlì, méi shénme dà buliǎo de, yǐhòu yǒu de shì jīhuì.

이번에 실패하더라도 다음에 다시 노력하면, 별일 아닙니다, 나중에 기회는 있습니다.

- 没什么大不了的 : '별일 아니다', '그리 대단한 일도 아니다' 의미
- 관련 표현 : 千万不要灰心(절대로 낙심하지 마세요), 别难过(힘들어하지 마세요), 留得青山在, 不怕没柴烧(근본이 충실하면 걱정할 것 없다)

002 事情已经发生了，"木已成舟"，你上火着急也没用啊。
Shìqing yǐjing fāshēng le, "mùyǐchéngzhōu", nǐ shànghuǒ zháojí yě méi yòng a.

일은 이미 발생하여 "일을 돌이킬 수 없다" 하니, 당신이 화를 내도 소용없습니다.

- 동사+也没用 : '~도 소용없다' 의미, 상대방에게 위로를 표현할 때
  예) 伤心沮丧也没用(슬퍼하고 낙담해도 소용없다), 担心也没用(걱정해도 소용없다)

003 通过这次教训我相信你以后一定会小心的，吃一堑长一智嘛。
Tōngguò zhècì jiàoxùn wǒ xiāngxìn nǐ yǐhòu yídìng huì xiǎoxīn de, chīyīqiàn zhǎngyīzhì ma.

이번 교훈을 통해 당신은 앞으로 조심할 것이라고 믿습니다, 한 번 좌절(실패)하면, 그만큼 현명해집니다.

- 吃一堑长一智 : '한 번 좌절하면 한 번 교훈을 얻음' 의미
- 비슷한 표현 : 失败乃成功之母(실패는 성공의 어머니이다)

004 我很理解你现在的心情，"人生不如意，十有八九"，你要想开点儿。
Wǒ hěn lǐjiě nǐ xiànzài de xīnqíng, "rénshēngbùrúyì, shíyǒubājiǔ", nǐ yào xiǎng kāi diǎnr.

(당신의) 현재 심정을 잘 이해합니다, "뜻대로 되지 않는 일은, 항상 있기 마련입니다", 좀 넓게 생각하세요.

- 人生不如意, 十有八九 : 일이 잘 안 풀릴 때를 표현할 때
- 관련 표현 : 天涯何处无芳草, 何必单恋一枝花(많은 기회가 있는 세상에, 한가지 일로 융통성 없이 얽매이지 마라)

005 你可能一时接受不了，但是我们还是要面对现实啊。
Nǐ kěnéng yìshí jiēshòu buliǎo, dànshì wǒmen háishi yào miànduì xiànshí a.

(당신은) 잠시 받아들일 수 없을지도 모르지만, 저희는 여전히 현실을 직시해야 합니다.

- 一时 : '잠시', '일시적인' 의미
  예) 一时疏忽(잠시 소홀히 하다), 一时糊涂(잠시 흐릿하다), 一时想不起来(잠시 생각이 나지 않는다)

006 俗话说："旧的不去, 新的不来", 就当破财免灾了。
Súhuà shuō: "jiùdebúqù, xīndebùlái", jiù dàng pòcáimiǎnzāi le.

속담에서 "오래된 것이 없어져야, 새로운 것이 생긴다" 라고 하니, 그냥 액땜했다고 생각합니다.

· 旧的不去, 新的不来 : 나쁜 일이 좋은 일이 됨을 표현할 때
· 비슷한 표현 : 塞翁失马, 焉得祸福(좋지 않은 일을 겪더라도 나중에 좋은 일이 있을지 모른다)

007 继续加油, 你以后会取得更好的成绩, 祝你步步高升。
Jìxù jiāyóu, nǐ yǐhòu huì qǔdé gènghǎo de chéngjì, zhù nǐ bùbùgāoshēng.

계속 힘내세요, 앞으로 더 좋은 성적을 내시고, 성공하시길 기원합니다.

· 步步高升 : '한 걸음 한 걸음 높이 올라가다' 의미
· 축하, 축원과 관련된 표현 : 祝贺考上了大学(대학 합격을 축하하다),
　　　　　　　　　　　恭喜你找到了好工作(좋은 직장 얻은 것을 축하하다)

008 别紧张, 你平时很努力, 我相信你一定没问题, 祝你通过面试。
Bié jǐnzhāng, nǐ píngshí hěn nǔlì, wǒ xiāngxìn nǐ yídìng méi wèntí, zhù nǐ tōngguò miànshì.

긴장하지 마세요, (당신은 평소에) 매우 열심히 하고 있어요, 저는 분명히 문제 없을 것이라고 생각합니다, 면접에 합격하길 바랍니다.

009 学习、工作重要, 但是身体也重要啊, 俗话说："身体是革命的本钱"。
Xuéxí、gōngzuò zhòngyào, dànshì shēntǐ yě zhòngyào a, súhuà shuō: "shēntǐ shì gémìng de běnqián".

공부도, 일도 중요하지만, 건강도 중요합니다,
속담에는 "건강한 신체는 혁명의 밑천이다" 라는 말이 있습니다.

010 错过最佳治疗时期, 病情会越来越严重, 到时候就来不及了。
Cuòguò zuìjiā zhìliáo shíqī, bìngqíng huì yuèláiyuè yánzhòng, dào shíhou jiù láibují le.

최적의 치료시기를 놓치면, 병세가 점점 더 심해져, 그때가 되면 늦을 것 입니다.

练习 연습

★ 그림과 주어진 상황의 핵심 Point를 이해하고, 제시된 단어를 활용하여 완전한 문장으로 자유롭게 대답해 봅시다.

你的孩子为了取得奖学金**努力**地学习, 但是没得到**奖学金**, 很**伤心难过**, 作为爸爸请**安慰**一下孩子。

Nǐ de háizi wèile qǔdé jiǎngxuéjīn nǔlì de xuéxí, dànshì méi dédào jiǎngxuéjīn, hěn shāngxīn nánguò, zuòwéi bàba qǐng ānwèi yíxià háizi.

理解	想开	失败	成功	机会
lǐjiě	xiǎngkāi	shībài	chénggōng	jīhuì

你的同事在这次**人事变动**时, 没能**晋升**, 有点儿**失望**。作为同事请**安慰**你的同事。

Nǐ de tóngshì zài zhècì rénshì biàndòng shí, méi néng jìnshēng, yǒudiǎnr shīwàng. Zuòwéi tóngshì qǐng ānwèi nǐ de tóngshì.

一时	面对	没用	人生	下次
yìshí	miànduì	méi yòng	rénshēng	xiàcì

你的朋友要去**参加面试**, 他非常**紧张**, 作为朋友请你**鼓励**鼓励他。

Nǐ de péngyou yào qù cānjiā miànshì, tā fēicháng jǐnzhāng, zuòwéi péngyou qǐng nǐ gǔlì gǔlì tā.

听说	紧张	努力	没问题	相信
tīngshuō	jǐnzhāng	nǔlì	méi wèntí	xiāngxìn

同事因为身体不太健康，大概要休息一段时间，作为同事请你安慰她。

Tóngshì yīnwèi shēntǐ bú tài jiànkāng, dàgài yào xiūxi yíduàn shíjiān,
zuòwéi tóngshì qǐng nǐ ānwèi tā.

脸色	错过	病情	休息	操心
liǎnsè	cuòguò	bìngqíng	xiūxi	cāoxīn

朋友新买的手机不小心丢了，心情不太好，作为朋友请你安慰她。

Péngyou xīn mǎi de shǒujī bù xiǎoxīn diū le, xīnqíng bú tài hǎo, zuòwéi péngyou qǐng nǐ ānwèi tā.

发生	旧的	新的	破财	注意
fāshēng	jiù de	xīn de	pòcái	zhùyì

MEMO

05. 请求/拒绝 부탁/거절

001 我想拜托你一件事儿，如果你能帮忙真的感谢不尽。
Wǒ xiǎng bàituō nǐ yí jiàn shìr, rúguǒ nǐ néng bāngmáng zhēn de gǎnxiè bújìn.

> 한 가지 부탁을 드리고 싶습니다, 만약 도와주신다면 정말 감사하겠습니다.

- 感谢不尽 : '한없이 감사하다' 의미
- 고득점Tip : 万分感谢, 感激不尽(대단히 감사하여, 감격하기 그지 없다) point부분 대체 사용

002 如果方便的话，我想请你帮我买点儿复印纸。
Rúguǒ fāngbiàn dehuà, wǒ xiǎng qǐng nǐ bāng wǒ mǎi diǎnr fùyìnzhǐ.

> 괜찮으시다면, 복사 용지 좀 사다 달라고 부탁하고 싶습니다.

- 자주 출제되는 관련 표현 1 : 翻译一下资料(자료를 번역하다), 顺路买点儿打印纸(가는 길에 인쇄용지를 좀 사다), 准备一下报告(보고서를 준비하다), 把身份证送到考场(신분증을 시험장에 보내다)

003 我知道你最近很忙，但是你能不能抽点儿时间帮我一个忙？
Wǒ zhīdào nǐ zuìjìn hěn máng, dànshì nǐ néng bu néng chōu diǎnr shíjiān bāng wǒ yí ge máng?

> 요즘 바쁘신 건 알지만, 시간을 내서 저 좀 도와주실 수 있으실까요?

- 抽点儿时间 : '시간을 좀 내다' 의미
- 관련 표현 : 抽出时间来(시간을 내다), 抽不出时间来(시간을 낼 수 없다), 抽不出身来(자리를 뜰 수가 없다), 在百忙之中(바쁜 와중에)

004 我现在抽不出身来，你能替我去一趟机场吗？接一下中国客户。
Wǒ xiànzài chōu bu chū shēn lái, nǐ néng tì wǒ qù yí tàng jīchǎng ma? jiē yíxià Zhōngguó kèhù.

> 제가 지금 좀 빠져나올 수 없는데, 저 대신 공항에 한 번 가주실 수 있나요? 중국 거래처를 모시고 와 주세요.

- 자주 출제되는 관련 표현 2 : 陪我去一下医院(병원에 데리고 가주세요), 代我接一下快递(택배를 대신 받아주세요), 给我介绍一下当地的情况(현지 사정을 소개해 주세요)

005 我一定会请你美餐一顿，让你大饱口福。那就先谢谢你了。
Wǒ yídìng huì qǐng nǐ měicān yí dùn, ràng nǐ dàbǎokǒufú. Nà jiù xiān xièxie nǐ le.

> 먼저 감사드립니다. (당신이) 배불리 먹을 수 있도록 (제가 반드시) 거하게 한 끼 대접하겠습니다.

006 咱俩谁跟谁啊? 下次你有事儿, 我也会帮你的, 礼尚往来嘛。
Zán liǎ shéi gēn shéi a? Xiàcì nǐ yǒu shìr, wǒ yě huì bāng nǐ de, lǐshàngwǎnglái ma.

> 저희 둘 사이에 뭘요? 다음에 당신에게 일이 있으면 저도 도와드릴게요, 오는 정이 있으면 가는 정도 있어야죠.

007 以后有什么问题或要求, 尽管对我说, 我一定全力帮你。
Yǐhòu yǒu shénme wèntí huò yāoqiú, jǐnguǎn duì wǒ shuō, wǒ yídìng quánlì bāng nǐ.

> 앞으로 무슨 문제나 요구가 있으면, 얼마든지 말해 주세요, 제가 반드시 최선을 다해서 돕겠습니다.

· 尽管 호응 단어 : 尽管开口(마음껏 말해도 되다), 尽管放心(마음을 푹 놓다)

008 真不好意思, 我真的很想帮你, 但是实在抽不出时间来。
Zhēn bùhǎoyìsi, wǒ zhēnde hěn xiǎng bāng nǐ, dànshì shízài chōu bu chū shíjiān lái.

> 정말 죄송합니다, (정말 당신을) 도와드리고 싶지만, 도저히 시간을 낼 수가 없습니다.

· 관련 표현 : 对不起(죄송합니다), 实在抱歉(정말 죄송합니다), 请你谅解(양해해 주세요),
请你海涵(널리 양해해 주세요), 请您多多包涵(많이 양해해 주세요)

009 实在抱歉, 公司突然发生了一些紧急情况, 我要去处理一下。
Shízài bàoqiàn, gōngsī tūrán fāshēng le yìxiē jǐnjí qíngkuàng, wǒ yào qù chǔlǐ yíxià.

> 정말 죄송합니다, 회사에 갑자기 급한 상황이 생겨서, 제가 가서 처리해야 합니다.

010 请你谅解, 我恐怕不能陪你去了, 下次一定好好儿补偿你。
Qǐng nǐ liàngjiě, wǒ kǒngpà bùnéng péi nǐ qù le, xiàcì yídìng hǎohāor bǔcháng nǐ.

> 양해 부탁드립니다, (제가) 아마 당신과 함께 못 갈 것 같아요, 다음에 반드시 잘 보상해 드릴게요.

练习 연습

★ 그림과 주어진 상황의 핵심 Point를 이해하고, 제시된 단어를 활용하여 완전한 문장으로 자유롭게 대답해 봅시다.

你要把一份资料翻译成汉语,但是内容太多了。
请同事帮你翻译资料。

Nǐ yào bǎ yí fèn zīliào fānyì chéng Hànyǔ, dànshì nèiróng tài duō le. qǐng tóngshì bāng nǐ fānyì zīliào.

拜托	感激不尽	方便	翻译	美餐
bàituō	gǎnjībújìn	fāngbiàn	fānyì	měicān

你的身体不舒服,请你给朋友打电话,拜托朋友陪你去医院看医生。

Nǐ de shēntǐ bù shūfu, qǐng nǐ gěi péngyou dǎ diànhuà, bàituō péngyou péi nǐ qù yīyuàn kàn yīshēng.

忙	抽时间	舒服	厉害	陪
máng	chōu shíjiān	shūfu	lìhai	péi

你得参加一个重要的会议,没有办法去机场接中国客户,请拜托会说汉语的同事代替你去机场。

Nǐ děi cānjiā yí ge zhòngyào de huìyì, méiyǒu bànfǎ qù jīchǎng jiē Zhōngguó kèhù, qǐng bàituō huì shuō Hànyǔ de tóngshì dàitì nǐ qù jīchǎng.

抽	替	接	尽管	礼尚往来
chōu	tì	jiē	jǐnguǎn	lǐshàngwǎnglái

跟朋友约好了去看京剧，但是周末要复习，准备考试，去不了，请你委婉拒绝。

Gēn péngyou yuē hǎo le qù kàn jīngjù, dànshì zhōumò yào fùxí, zhǔnbèi kǎoshì, qù buliǎo, qǐng nǐ wěiwǎn jùjué.

谅解	陪	考试	复习	下次
liàngjiě	péi	kǎoshì	fùxí	xiàcì

下个星期你得出差，但是因为个人的事情，你不能去。请你跟你的上司说明一下理由。

Xiàge xīngqī nǐ děi chūchāi, dànshì yīnwèi gèrén de shìqing, nǐ bù néng qù. Qǐng nǐ gēn nǐ de shàngsī shuōmíng yíxià lǐyóu.

抱歉	紧急	处理	抽不出	替
bàoqiàn	jǐnjí	chǔlǐ	chōu bu chū	tì

MEMO

06. 预订/咨询 예약/문의

001 我想去北京旅行，呆三天，你们能帮我安排一下行程吗？
Wǒ xiǎng qù Běijīng lǚxíng, dāi sān tiān, nǐmen néng bāng wǒ ānpái yíxià xíngchéng ma?

베이징에 가서 3일 동안 여행하고 싶습니다. 제 여행 일정을 대신 계획해주실 수 있으세요?

002 我打算订一桌酒席，要一个包间，晚上七点，到了以后点菜。
Wǒ dǎsuàn dìng yì zhuō jiǔxí, yào yí ge bāojiān, wǎnshang qī diǎn, dào le yǐhòu diǎncài.

독립된 룸으로 (술자리를) 예약하려고 합니다. 주문은 저녁 7시에 도착 후 하도록 하겠습니다.

003 我想问一下你们几点开门，营业到几点？票价是多少？
Wǒ xiǎng wèn yíxià nǐmen jǐ diǎn kāimén, yíngyè dào jǐ diǎn? Piàojià shì duōshao?

몇 시에 문을 열고, 몇 시까지 영업하는지 여쭤보고 싶습니다. 티켓은 가격이 어떻게 됩니까?

004 我想预订一个双人间，明天晚上入住，住两天，现在有空房间吗？
Wǒ xiǎng yùdìng yí ge shuāngrénjiān, míngtiān wǎnshang rùzhù, zhù liǎng tiān, xiànzài yǒu kōng fángjiān ma?

2인실을 예약하고 싶습니다. 내일 저녁에 체크인해서, 이틀 머물 예정입니다. 지금 빈방이 있나요?

005 我想租一个房子，要两室一厅的，而且格局和采光要好的。
Wǒ xiǎng zū yí ge fángzi, yào liǎng shì yì tīng de, érqiě géjú hé cǎiguāng yào hǎo de.

집을 하나 렌트하고 싶습니다. 방 두 개, 거실 한 개를 원하며, 구조와 채광이 좋은 것을 원합니다.

006
我想给我表哥买一件节日礼物，一时想不出买什么好。
Wǒ xiǎng gěi wǒ biǎogē mǎi yí jiàn jiérì lǐwù, yìshí xiǎng bu chū mǎi shénme hǎo.

저희 사촌 형에게 명절 선물을 하나 사주고 싶은데, 뭘 사야 좋을지 (잠시) 생각이 나지 않네요.

007
请你帮我推荐几款适合孩子的礼物，价格不是问题。
Qǐng nǐ bāng wǒ tuījiàn jǐ kuǎn shìhé háizi de lǐwù, jiàgé bú shì wèntí.

아이에게 어울리는 선물 몇 가지를 추천해 주세요, 가격은 상관없습니다.

008
我不清楚这部手机的使用方法，麻烦你能给我说明一下吗？
Wǒ bù qīngchu zhè bù shǒujī de shǐyòng fāngfǎ, máfan nǐ néng gěi wǒ shuōmíng yíxià ma?

이 핸드폰 사용법을 잘 모르겠는데, 죄송하지만 설명해 주시겠어요?

009
我想咨询一下，现在有没有我能听的课，我大概是初级水平。
Wǒ xiǎng zīxún yíxià, xiànzài yǒu méiyǒu wǒ néng tīng de kè, wǒ dàgài shì chūjí shuǐpíng.

지금 제가 들을 수 있는 강의가 있는지 문의드리려고 합니다, 저는 아마 초급 레벨일 겁니다.

010
我想了解一下，为什么已经过了出发时间，我们还不起飞？
Wǒ xiǎng liǎojiě yíxià, wèishénme yǐjing guò le chūfā shíjiān, wǒmen hái bù qǐfēi?

출발시간이 지났는데, 왜 아직 이륙하지 않는지 알고 싶습니다.

练习 연습

★ 그림과 주어진 상황의 핵심 Point를 이해하고, 제시된 단어를 활용하여 완전한 문장으로 자유롭게 대답해 봅시다.

下个星期打算去旅游，你给旅行社打电话，请他们为你安排一下行程。

Xiàge xīngqī dǎsuàn qù lǚyóu, nǐ gěi lǚxíngshè dǎ diànhuà, qǐng tāmen wèi nǐ ānpái yíxià xíngchéng.

旅行	呆	安排	预订	费用
lǚxíng	dāi	ānpái	yùdìng	fèiyòng

你要买MP3，请你向店员咨询一下。

Nǐ yào mǎi MP3, qǐng nǐ xiàng diànyuán zīxún yíxià.

买	不知道	推荐	价格	说明
mǎi	bù zhīdào	tuījiàn	jiàgé	shuōmíng

你想租房子，请你去房地产中介，向职员说明一下你的要求。

Nǐ xiǎng zū fángzi, qǐng nǐ qù fángdìchǎn zhōngjiè, xiàng zhíyuán shuōmíng yíxià nǐ de yāoqiú.

搬家	找	租	采光	联系
bānjiā	zhǎo	zū	cǎiguāng	liánxì

你想利用上班之前的时间<u>学习汉语</u>,请你去补习班<u>咨询</u>一下想要的<u>信息</u>。

Nǐ xiǎng lìyòng shàngbān zhīqián de shíjiān xuéxí Hànyǔ, qǐng nǐ qù bǔxíbān zīxún yíxià xiǎng yào de xìnxī.

咨询	学习	提高	初级	几点
zīxún	xuéxí	tígāo	chūjí	jǐ diǎn

你要乘坐的<u>飞机</u>过了很长时间也没<u>起飞</u>,请你想空姐<u>询问</u>一下出了什么<u>问题</u>。

Nǐ yào chéngzuò de fēijī guò le hěn cháng shíjiān yě méi qǐfēi, qǐng nǐ xiǎng kōngjiě xúnwèn yíxià chū le shénme wèntí.

了解	过了	起飞	解释	态度
liǎojiě	guò le	qǐfēi	jiěshì	tàidù

MEMO

挑战 도전

★ 모의고사 1

TSC 중국어 말하기 시험
Test of Spoken Chinese

第六部分：情景应对(3题)   진행률

在这部分考试中，你将看到提示图，同时还将听到中文的情景叙述。假设你处于这种情况之下，你将如何应对。请尽量用完整的句子来回答，句子的长短和用词将影响你的分数。请听到提示音之后开始回答问题。每道题请你用30秒思考，回答时间是40秒。下面开始提问。

问题1

你的同事要结婚，可是你因为要去国外出差，所以不能去，请你向同事表示谅解。

(30秒)   提示音   (40秒)   结束

남은시간 40

挑战 도전

★ 모의고사 2

问题2

你去出差了，今天是爸爸的生日，打电话祝贺。

(30秒) 提示音 (40秒) 结束

问题3

你的朋友每天忙着工作，身体不好，劝告朋友。

(30秒) 提示音 (40秒) 结束

쉬어가기

잰말놀이(绕口令)로 발음 연습하기

잰말놀이란, 발음하기 어려운 문장을 빠르게 말하는 놀이로, 중국어 발음의 정확성과 성조 교정에 좋은 효과를 줄 수 있다. 평소 틈틈이 연습하여 정확한 발음으로 구사할 수 있도록 하자.

✅ 妈妈骑马, 马慢, 妈妈骂马。
Māma qí mǎ, mǎ màn, māma mà mǎ.
엄마가 말을 탔는데, 말이 느려서, 엄마가 말을 혼내다.

✅ 四是四, 十是十, 十四是十四, 四十是四十。
Sì shì sì, shí shì shí, shí sì shì shí sì, sì shí shì sì shí.
4는 4다, 10은 10이다, 14는 14다, 44는 44다.

✅ 八百标兵奔北坡, 炮兵并排北边跑。
Bā bǎi biāobīng bēn běi pō, pàobīng bìng pái běibian pǎo.
800명의 초병이 북쪽을 향해 달린다, 포병은 줄을 지어 북쪽으로 달린다.

✅ 地上一张纸, 纸上一把尺是尺压纸, 不是纸压尺。
Dì shang yì zhāng zhǐ, zhǐ shang yì bǎ chǐ shì chǐ yā zhǐ, bú shì zhǐ yā chǐ.
바닥에 종이 한 장이 있다, 종이 위에는 자가 한 개 있다,
자가 종이를 누르고 있는 것이지, 종이가 자를 누르는 것이 아니다.

✅ 天上有太阳, 地上有石头, 嘴里有舌头, 手上有五手指头。
Tiān shang yǒu tàiyáng, dì shang yǒu shítou, zuǐ li yǒu shétou, shǒu shang yǒu wǔ shǒu zhǐ tóu.
하늘에는 태양이 있고, 땅에는 돌이 있고, 입에는 혀가 있고, 손에는 다섯 손가락이 있다.

✅ 吃葡萄, 不吐葡萄皮, 不吃葡萄, 倒吐葡萄皮。
Chī pútao, bù tǔ pútao pí, bù chī pútao, dào tǔ pútao pí.
포도를 먹었는데, 포도 껍질을 뱉지 않고, 포도를 먹지 않았는데, 오히려 포도 껍질을 뱉어낸다.

제7부분

그림보고 이야기 만들기
看图说话

문제수	1문제
준비 시간	30초
답변시간	90초

现在请根据图片的内容讲述故事, 请尽量完整, 详细。
讲述的时间是90秒。请听到提示音之后开始回答。

问: Xiànzài qǐng gēnjù túpiàn de nèiróng jiǎngshù gùshì, qǐng jǐnliàng wánzhěng, xiángxì. Jiǎng shù de shíjiān shì jiǔshí miǎo. Qǐng tīng dào tíshìyīn zhīhòu kāishǐ huídá.

이제 그림의 내용에 따라 가능한 완벽하고 자세하게 이야기를 설명하세요.
답변 시간은 90초입니다. 알림음을 듣고 답변을 시작하세요.

주요주제

장면 묘사, 동작 묘사, 감정 묘사

공략법

1. **한 가지 이야기를 자연스러운 어조로 서술하자.**
   제3자의 입장에서 4가지 그림의 내용을 서술해야 한다. 이야기의 주인공에게 小明(샤오밍), 小红(샤오홍) 등으로 이름을 지어주고, 3인칭 대명사인 他(그), 她(그녀)를 사용해야 한다. 상대방과 대화 또는 전화를 한다고 가정하여 자연스럽고 유창하게 답변해야 한다.

2. **서술문의 6가지 요소를 파악하자!**
   이야기의 내용이 일어난 시간, 장소, 인물 및 일의 원인/경과/결과를 명확하게 알려주어야 한다. 내용을 말하기 전에 "언제", "어디서", "누가", "무슨 일이 일어났는지", "일의 경과 묘사", "결과는 어떻게 되었는지" 등을 먼저 생각해야 한다.
   일반적으로 결과 부분에서는 종종 감정과 관련된 형용사가 사용되기도 한다.

3. **접속사를 알맞게 사용하자!**
   전후 사진의 내용이 자연스럽게 이어지도록 하기 위해서는, 접속사를 사용해야 한다.
   접속사 : 因为~, 所以~(왜냐하면~, 그래서~), 虽然~, 但是 ~(비록~할지라도, 그러나~), 一~, 就~(~하자마자, 바로~), 不但~, 而且~(~할 뿐만 아니라, 게다가~) 등

01. 场面描写 장면 묘사

★ 이야기가 일어나는 시간, 장소, 날씨와 이야기 속 인물의 직업이나 취미 및 일의 원인 등을 묘사하는 내용

001 有一天，回家的路上，小明**看到**一位奶奶拿着很重的行李。
Yǒu yì tiān, huíjiā de lù shang, Xiǎomíng **kàn dào** yí wèi nǎinai ná zhe hěn zhòng de xíngli.

> 어느 날, 집에 돌아가는 길에, 샤오밍은 할머니가 한 분이 무거운 짐을 들고 있는 것을 보았습니다.

- Tip 길에서 어떤 장면을 보거나 마주치는 상황 묘사
- 관련 표현 : 看见(보다), 碰到(우연히 만나다), 发现(발견하다)
- 예) 看见几个孩子在欺负女孩子(몇몇 아이들이 여자아이 한 명을 괴롭히는 것을 보다), 碰到了好久不见的朋友(오랜만에 친구를 만나다), 发现地上有一个钱包(바닥에 떨어져 있는 지갑을 발견하다)

002 今天是周末，小明和朋友们**约好了**一起去爬山赏花。
Jīntiān shì zhōumò, Xiǎomíng hé péngyoumen **yuē hǎo le** yìqǐ qù páshān shǎnghuā.

> 오늘은 주말입니다, 샤오밍과 친구들은 꽃구경하러 같이 등산을 가기로 약속했습니다.

- Tip 누군가와 함께 어느 장소를 가는 장면 묘사
- 관련 표현 : 计划好了(계획하다), 说好了(이야기를 마무리 짓다, 약속하다)
- 예) 计划好了去旅行(여행가기로 계획하다), 说好了带孩子去动物园(아이들을 데리고 동물원에 가기로 약속하다)

003 刚才还是**晴空万里**，下一秒就**狂风大作**，下起了**倾盆大雨**。
Gāngcái háishi **qíngkōngwànlǐ**, xià yì miǎo jiù **kuángfēng dàzuò**, xià qǐ le **qīngpéndàyǔ**.

> 조금 전까지만 해도 구름 한 점 없이 맑은 하늘이었는데, 잠시 후 광풍이 휘몰아치면서 장대비가 내리기 시작했습니다.

- Tip 날씨에 대한 묘사
- 예) 雷阵雨(천둥과 번개를 동반한 소나기), 风雨交加(비바람이 휘몰아치다), 阴云密布(먹구름이 가득하다), 下着鹅毛大雪(함박눈이 내리다), 风和日丽(바람은 포근하고 햇볕은 따스하다)

004 最近几天**烈日炎炎**，30多度，天气**热得**实在**让人受不了**。
Zuìjìn jǐ tiān **lièrì yányán**, sānshí duō dù, tiānqì **rè de** shízài **ràng rén shòu buliǎo**.

> 최근 며칠 동안 더위가 기승을 부리고, 30도가 넘습니다. 날씨가 정말 견딜 수 없을 정도로 덥습니다.

- Tip 기온이 높은 날씨에 대한 묘사
- 예) 骄阳似火(불타듯 덥다), 汗如雨下(땀이 비 오듯 흐르다), 流金铄石(금이나 돌도 녹아 흐르다)

005 小明**很喜欢**游泳，他游得很快，而且一有机会就**参加比赛**。
Xiǎomíng **hěn xǐhuan** yóuyǒng, tā yóu de hěn kuài, érqiě yī yǒu jīhuì jiù **cānjiā bǐsài**.

> 샤오밍은 수영을 매우 좋아하고, 매우 빠르게 수영합니다. 게다가 기회가 있을 때마다 경기에 참가합니다.

- Tip 운동 경기 장면 묘사
- 예) 对马拉松很感兴趣(마라톤에 관심이 있다), 爱打篮球(농구를 좋아하다), 遥遥领先(큰 점수로 앞서다), 动如脱兔((행동이) 아주 재빠르다), 争分夺秒(1분 1초를 다투다)

006 今天是爱人的生日, 小红打算买一件礼物, 给他一个惊喜。
Jīntiān shì àirén de shēngrì, Xiǎohóng dǎsuàn mǎi yí jiàn lǐwù, gěi tā yí ge jīngxǐ.

오늘은 남편의 생일입니다, 샤오홍은 선물을 하나 사서 그를 깜짝 놀래 주려고 합니다.

· Tip 생일 선물에 관한 장면 묘사
예) 抚掌大笑(매우 기뻐하다), 笑逐颜开(얼굴에 웃음꽃이 활짝 피다), 大吃一惊(몹시 놀라다)

007 小明养了一只宠物狗, 每天都带着它一起玩儿, 散步。
Xiǎomíng yǎng le yì zhī chǒngwù gǒu, měitiān dōu dài zhe tā yìqǐ wánr, sànbù.

샤오밍은 애완견을 한 마리 키웁니다, 매일 애완견을 데리고 함께 놀고, 산책합니다.

· Tip 애완동물 관련 묘사
예) 脑袋圆圆的(동그란 머리), 尖尖的小耳朵(뾰족한 귀),
小狗颠儿颠儿地跟来(강아지가 졸랑졸랑 따라오다), 猫卧在床边(고양이가 침대 옆에 웅크리다)

008 小明平时工作很努力, 每天早出晚归, 他觉得很疲劳。
Xiǎomíng píngshí gōngzuò hěn nǔlì, měitiān zǎochūwǎnguī, tā juéde hěn píláo.

샤오밍은 평소에 매우 열심히 일합니다,
매일 아침 일찍 나가서 밤늦게 돌아오는데, 그는 매우 피곤하다고 느낍니다.

· Tip 업무 관련 묘사
예) 勤勤恳恳(근면 성실하다), 专心致志(몰두하다),
需要处理的事务堆积如山(처리해야 할 업무가 산더미다), 分配了工作(업무를 분담하다)

009 小红今天收到了工资, 她打算去逛街, 买一件时髦的衣服。
Xiǎohóng jīntiān shōu dào le gōngzī, tā dǎsuàn qù guàngjiē, mǎi yí jiàn shímáo de yīfu.

샤오홍은 오늘 월급을 받았습니다, 그녀는 쇼핑을 가서, 유행하는 옷을 살 계획입니다.

· Tip 쇼핑을 하여 옷을 사거나 쇼핑하는 장면 묘사
예) 摩肩接踵(발 디딜 틈 없이 붐비다), 挑三拣四(신중하게 고르다)

010 排队的人很多, 小明为了赶时间, 所以插到了别人的前面。
Páiduì de rén hěn duō, Xiǎomíng wèile gǎn shíjiān, suǒyǐ chā dào le biérén de qiánmian.

줄 서있는 사람이 많습니다, 샤오밍은 시간에 쫓겨서, 다른 사람 앞에 끼어들었습니다.

· Tip 새치기하는 장면 묘사

练习 연습

★ 주어진 두 그림의 상황을 제시된 단어를 활용하여 완전한 문장으로 자유롭게 대답해 봅시다.

| 养 | 可爱 | 有一天 | 散步 | 突然 | 看到 |
| yǎng | kě'ài | yǒu yì tiān | sànbù | tūrán | kàn dào |

Tip
1. 애완동물 관련 묘사
2. 길에서 어떤 장면을 보거나 마주치는 상황 묘사

| 路上 | 见到 | 没想到 | 晴空 | 狂风 | 大雨 |
| lù shang | jiàn dào | méi xiǎng dào | qíngkōng | kuángfēng | dàyǔ |

Tip
1. 길에서 어떤 장면을 보거나 마주치는 상황 묘사
2. 날씨에 대한 묘사

02. 动作描写 동작 묘사

★ 동작의 발생 과정과 결과 묘사

001 他不小心把咖啡弄翻了, 洒在衣服上, 把衣服弄脏了。
Tā bù xiǎoxīn bǎ kāfēi nòng fān le, sǎ zài yīfu shang, bǎ yīfu nòng zāng le.

> 그는 실수로 커피를 엎질렀습니다. 옷에 튀어서, 옷을 더럽혔습니다.

· Tip 음료가 엎질러진 동작 묘사 : 예) 饮料都洒出来了(음료가 모두 쏟아졌다)

002 小狗飞快地跑过去, 把球叼了回来, 但是球已经被咬破了。
Xiǎogǒu fēikuài de pǎo guòqù, bǎ qiú diāo le huílái, dànshì qiú yǐjing bèi yǎopò le.

> 강아지가 쏜살같이 달려가, 공을 물고 돌아왔지만, 이미 공은 물어 뜯겼습니다.

· Tip 물건을 망가뜨리거나 다친 동작 묘사
  예) 被狗咬坏了(개가 물어서 망가졌다), 被蛇咬伤了(뱀에게 물려서 다쳤다),
     被车撞伤了(차에 치여 다쳤다)

003 他冒着雨走出去, 从头到脚都被淋湿了, 淋成了落汤鸡。
Tā mào zhe yǔ zǒu chūqù, cóng tóu dào jiǎo dōu bèi lín shī le, lín chéng le luòtāngjī.

> 그는 비를 맞으며 걸어 나갔습니다, 머리부터 발끝까지 흠뻑 젖어, 물에 빠진 생쥐 꼴이 되었습니다.

· Tip 비에 젖은 동작 묘사
· 관련 표현 : 被太阳晒黑了(햇빛에 탔다)

004 趁姐姐睡觉的时候, 偷偷摸摸地把姐姐的包拿走了。
Chèn jiějie shuìjiào de shíhou, tōutōumōmō de bǎ jiějie de bāo ná zǒu le.

> 언니가 잘 때를 틈타, 슬그머니 언니의 가방을 가지고 갔습니다.

· Tip 물건을 가져가거나 훔쳐가는 동작 묘사 :
  예) 把衣服穿走了(옷을 입고 가버렸다), 被小偷偷走了(도둑맞았다),
     把别人的东西顺走(남의 물건을 슬쩍 가져가다)

005 匆匆忙忙赶到学校, 却一个人都没有, 原来是他看错时间了。
Cōngcōngmángmáng gǎn dào xuéxiào, què yí ge rén dōu méiyǒu, yuánlái shì tā kàn cuò shíjiān le.

> 급히 학교에 도착했는데, 아무도 없습니다, 알고 보니 그가 시간을 잘못 보았습니다.

· Tip 동작의 잘못된 결과 묘사
  예) 想错日期了(날짜를 잘못 생각했다), 拿错行李箱了(짐을 잘못 가져갔다),
     送错快递了(택배를 잘못 보냈다)

02. 动作描写 동작 묘사

006 坐在地铁里<u>睡着了</u>,没听到广播,结果<u>坐过站了</u>。
Zuò zài dìtiě li shuì zháo le, méi tīng dào guǎngbō, jiéguǒ zuò guò zhàn le.

지하철에 앉아 잠이 들어서, 안내 방송을 못 들었습니다. 결국 역을 지나쳤습니다.

- Tip 잠 관련 묘사
  예) 睡不着(잠이 오지 않다), 睡过头了(늦잠을 잤다), 睡到早上9点(아침 9시까지 잠을 자다)

007 <u>看中了</u>一件很时髦的衣服,但是没想到已经卖光了。
Kàn zhòng le yí jiàn hěn shímáo de yīfu, dànshì méi xiǎng dào yǐjing mài guāng le.

유행하는 옷 한 벌이 마음에 들었지만, 이미 다 팔렸을 줄은 몰랐습니다.

- Tip 상품에 대해 만족했음을 나타내는 묘사
- 看中了(마음에 들었다) = 看上了

008 比赛结果是50:35, 小明<u>赢得了</u>本次<u>比赛</u>,朋友<u>输了</u>。
Bǐsài jiéguǒ shì wǔshí bǐ sānshí wǔ, Xiǎomíng yíngdé le běncì bǐsài, péngyou shū le.

경기 결과는 50 대 35로, 샤오밍이 이번 경기는 이겼고, 친구는 졌습니다.

- Tip 경기 결과에 대한 묘사 : 예) 获得了冠军(우승을 했다), 取得了第一名(일등을 했다)

009 老师让大家<u>关上</u>手机,或者是<u>调成振动</u>,不要影响上课。
Lǎoshī ràng dàjiā guān shang shǒujī, huòzhě shì tiáo chéng zhèndòng, bú yào yǐngxiǎng shàngkè.

선생님은 수업에 지장을 주지 않도록, 모두에게 휴대폰을 끄게 하거나, 진동으로 바꾸도록 하였습니다.

- Tip 전자제품 작동에 관한 묘사
  예) 打开空调(에어컨을 키다), 调到19度(19도로 조절하다), 打不开电脑(컴퓨터를 켤 수 없다), 没插上电源(전원을 꽂지 않았다)

010 差点儿被什么<u>绊倒了</u>,挖出来一看,好像是一个古董。
Chàdiǎnr bèi shénme bàn dǎo le, wā chūlái yí kàn, hǎoxiàng shì yí ge gǔdǒng.

하마터면 뭔가 걸려 넘어질 뻔했는데, 파헤쳐 보니, 골동품 같았습니다.

- Tip 넘어지는 동작 묘사
  예) 打倒了(때려눕혔다), 摔倒了(넘어졌다), 推倒了(밀어 넘어뜨렸다)

练习 연습

★ 주어진 두 그림의 상황을 제시된 단어를 활용하여 완전한 문장으로 자유롭게 대답해 봅시다.

| 趁 | 偷偷 | 拿走 | 弄翻 | 洒 | 脏 |
| chèn | tōutōu | ná zǒu | nòng fān | sǎ | zāng |

Tip
1. 물건을 훔쳐가는 동작 묘사
2. 음료를 엎지르는 동작 묘사

| 睡不着 | 玩儿 | 睡过头 | 匆忙 | 没有 | 想错 |
| shuì bu zháo | wánr | shuì guòtóu | cōngmáng | méiyǒu | xiǎng cuò |

Tip
1. 잠 관련 묘사
2. 동작의 잘못된 결과 묘사

03. 情感描写 감정 묘사

⭐ 심정, 감정 등 심리묘사

001 小红觉得很后悔，心想："要是听妈妈的话就好了"。

Xiǎohóng juéde hěn hòuhuǐ, xīn xiǎng : "Yàoshi tīng māma dehuà jiù hǎo le".

샤오홍은 마음속으로, "엄마 말을 들었으면 좋았을걸"이라고 매우 후회합니다.

> · Tip 후회를 나타내는 묘사
> 예) 翻然悔悟(잘못을 깨닫고 철저히 뉘우치다), 悔恨交加(후회와 원망이 교차하다),
> 嗟悔无及(후회해도 이미 늦다)

002 大家都戴了一摸一样的帽子，小红觉得哭笑不得。

Dàjiā dōu dài le yìmúyíyàng de màozi, Xiǎohóng juéde kūxiào bùdé.

모두들 똑같은 모자를 써서, 샤오홍은 울지도 웃지도 못합니다.

> · Tip 난감한 상황을 나타내는 묘사
> 예) 不知所措(어찌할 바를 모르다), 呆若木鸡(얼이 빠져 우두커니 있다), 处境尴尬(입장이 난처하다)

003 原来礼物不是亲手做的，而是买的，小红觉得很尴尬。

Yuánlái lǐwù bú shì qīnshǒu zuò de, érshì mǎi de, Xiǎohóng juéde hěn gāngà.

원래 선물은 직접 만든 것이 아니라, 산 건데, 샤오홍은 매우 난감합니다.

> · 2번 Tip 참조

004 发生了这样的情况，小明呆呆地看着，不知道怎么办才好。

Fāshēng le zhèyàng de qíngkuàng, Xiǎomíng dāidai de kàn zhe, bù zhīdào zěnme bàn cái hǎo.

이런 상황이 발생하자, 샤오밍은 멍하니 보고만 있고, 어떻게 해야 할지 모릅니다.

> · Tip 놀래는 상황을 나타내는 묘사
> 예) 目瞪口呆(어안이 벙벙하다), 惊颤不已(놀라서 벌벌 떨다), 大惊失色(놀라서 아연실색하다)

005 看到房间里被弄得乱七八糟的，小明大吃一惊。

Kàn dào fángjiān li bèi nòng de luànqībāzāo de, Xiǎomíng dàchīyìjīng.

방 안이 엉망이 된 것을 보고, 샤오밍은 깜짝 놀랐습니다.

> · 4번 Tip 참조

006 妈妈收到小红的礼物，一把抱住她，感动得流下了眼泪。
Māma shōu dào Xiǎohóng de lǐwù, yì bǎ bào zhù tā, gǎndòng de liú xià le yǎnlèi.

엄마는 샤오홍의 선물을 받고, 그녀를 덥석 안아주었고, 감동해서 눈물을 흘렸습니다.

· Tip 감동하는 상황을 나타내는 묘사
  예) 热泪盈眶(감격하여 눈물이 그렁그렁하다), 无以言表(말로 표현할 수 없다),
  感同身受(대신 감사의 말씀을 드리다)

007 小红觉得失望极了，但是没办法，只好垂头丧气地往家走。
Xiǎohóng juéde shīwàng jí le, dànshì méi bànfǎ, zhǐhǎo chuí tóusàngqì de wǎng jiā zǒu.

샤오홍은 너무 실망했지만, 할 수 없이, 의기소침한 채 집으로 향했습니다.

· Tip 실망한 상황을 나타내는 묘사
  예) 灰心丧气 (낙담하다), 黯然神伤(풀이 죽어서 의기소침해하다),
  万念俱灰(모든 기대가 물거품처럼 사라지다)

008 看着被弄坏的包，姐姐气得脸都绿了，把小红大骂了一顿。
Kàn zhe bèi nòng huài de bāo, jiějie qì de liǎn dōu lǜ le, bǎ Xiǎohóng dà mà le yí dùn.

망가진 가방을 보고, 언니는 화가 나서 얼굴이 파랗게 질려, 샤오홍을 한 바탕 호되게 꾸짖었습니다.

· Tip 화가난 상황을 나타내는 묘사
  예) 怒火中烧(화가 치밀어 오르다), 火冒三丈(화가 머리끝까지 치밀다), 勃然变色(갑자기 안색이 바뀌다)

009 小明惭愧地低下了头，并向妈妈保证下次再也不这样了。
Xiǎomíng cánkuì de dī xià le tóu, bìng xiàng māma bǎozhèng xiàcì zài yě bú zhèyàng le.

샤오밍은 부끄러운 마음에 고개를 떨구고, 엄마에게 다음에는 다시는 그러지 않겠다고 약속했습니다.

· Tip 잘못을 뉘우치는 상황
  예) 反求诸己(자신을 되돌아 보고 뉘우치다), 闭门思过(스스로 반성하다)

010 妈妈这才明白自己错怪了孩子们，她觉得很不好意思。
Māmā zhè cái míngbai zìjǐ cuòguài le háizimen, tā juéde hěn bùhǎoyìsi.

엄마가 그제서야 자기가 아이들의 잘못을 탓한 것을 깨닫고, 매우 부끄러워했습니다.

· 9번 Tip 참조

练习 연습

⭐ 주어진 두 그림의 상황을 제시된 단어를 활용하여 완전한 문장으로 자유롭게 대답해 봅시다.

| 看到 | 弄坏 | 生气 | 骂 | 原来 | 错怪 |
| kàn dào | nòng huài | shēngqì | mà | yuánlái | cuòguài |

------- **Tip** -------

1. 물건이 망가진 장면 묘사
2. 아이를 탓했으나, 사실을 알고 부끄러워하는 장면 묘사

| 趁 | 咬坏 | 看到 | 吃惊 | 呆呆 | 不知道 |
| chèn | yǎo huài | kàn dào | chījīng | dāidai | bù zhīdào |

------- **Tip** -------

1. 물건이 망가진 장면 묘사
2. 놀란 감정 묘사

挑战 도전

 모의고사 1

第七部分：情景应对(1题)

在这部分考试中，你将看到四幅连续的图片。请你根据图片的内容讲述一个完整的故事。请认真看下列四幅图片。(30秒)

现在请根据图片的内容讲述故事，请尽量完整，详细。讲述时间是90秒。请听到提示音之后开始回答。

(30秒)　提示音　(90秒)　结束

남은시간 90

 모의고사 2

第七部分：情景应对(1题)

在这部分考试中，你将看到四幅连续的图片。请你根据图片的内容讲述一个完整的故事。请认真看下列四幅图片。(30秒)

现在请根据图片的内容讲述故事，请尽量完整，详细。讲述时间是90秒。请听到提示音之后开始回答。

(30秒)　提示音　(90秒)　结束

쉬어가기

중국어 끊어 읽기 연습하기

중국어에서 끊어 읽기란, 앞의 단어에서 뒤의 단어로 넘어가기 전 "0.3~0.5" 정도를 말합니다. 중국어는 띄어쓰기가 없기 때문에 아래의 몇 가지 사항을 구분하여 문장 내에서 자연스럽게 발화할 수 있도록 꾸준히 연습해 보자.

✅ **하나의 의미를 나타내는 단어는 끊어 읽지 않는다.**

예) 公共汽车站
gōnggòngqìchē zhàn   버스 정류장

电子邮件
diànzǐyóujiàn   이메일

✅ **문법적 이유로 함께 덩어리를 이루는 문장 구조는 연달아 읽는다.**

예) 两杯咖啡
liǎng bēi kāfēi   커피 두 잔 (수사+양사+명사)

跑出来
pǎo chūlái   달려 나오다 (동사+보어)

给父母
gěi fùmǔ   부모님께(전치사구)

✅ **짧은 문장의 경우, 의미 단어로 끊어 읽거나 한 번에 읽는다. 혹은 술어의 앞에서 끊어 읽어도 무방하다.**

예) 天气 / 冷吗？
Tiānqì / lěng ma?   날씨가 추운가요?

我爸爸 / 五十岁。
Wǒ bàba / wǔshí suì.   저희 아빠는 50세입니다

✅ **문장의 길이가 다소 길다면 술어까지 읽고 끊었다가 다시 읽는다.**

예) 他今天中午买了 / 两本汉语书。
Tā jīntiān zhōngwǔ mǎi le / liǎng běn Hànyǔ shū.
그는 오늘 점심에 한어 책 두 권을 샀습니다.

我家有 / 一个妹妹和一个弟弟。
Wǒ jiā yǒu / yíge mèimei hé yíge dìdi.
저희 집에는 여동생 한 명과 남동생 한 명이 있습니다.

※ 정확한 의미 전달을 위해 위와 같은 상황에서 띄어 읽기에 유의하여 읽는 것도 중요하지만 각 성조의 느낌을 잘 살려 앞과 뒤의 단어를 부드럽게 연결해 주는 것도 잊지 말아야 한다.